TRABALHO DE CASAL, TRABALHO COM CASAIS

Blucher

TRABALHO DE CASAL, TRABALHO COM CASAIS

Éric Smadja

Tradução
Caio Liudvik

Revisão técnica da tradução
Celia Blini
Eliana Riberti Nazareth

Trabalho de casal, trabalho com casais

Título original: Travail de couple, travail avec les couple

Publisher Edgard Blücher

Editor Eduardo Blücher

Coordenação editorial Rafael Fulanetti

Coordenação de produção Ana Cristina Garcia

Produção editorial Juliana Midori Horie

Tradução Caio Liudvik

Revisão técnica da tradução Celia Blini e Eliana Riberti Nazareth

Revisão de texto Equipe editorial

Diagramação Fabricando Ideias Design Editorial

Capa Equipe editorial

Imagem da capa iStockphoto

Blucher

Rua Pedroso Alvarenga, 1245, 4º andar

04531-934 – São Paulo – SP – Brasil

Tel.: 55 11 3078-5366

contato@blucher.com.br

www.blucher.com.br

Segundo o Novo Acordo Ortográfico, conforme 6. ed. do *Vocabulário Ortográfico da Língua Portuguesa*, Academia Brasileira de Letras, julho de 2021.

Dados Internacionais de Catalogação na Publicação (CIP)

Angélica Ilacqua, CRB-8/7057

Smadja, Éric

Trabalho de casal, trabalho com casais / Éric Smadja ; tradução Caio Liudvik ; revisão técnica da tradução Celia Blini, Eliana Riberti Nazareth. – São Paulo : Blucher, 2025.

240 p.

Bibliografia

ISBN 978-85-212-2711-3

Título original: Travail de couple, travail avec les couples

1. Psicanálise 2. Casais – Psicologia 3. Relações conjugais – Aspectos psicológicos I. Liudvik, Caio II. Blini, Celia III. Nazareth, Eliana Riberti IV. Título

25-4619 CDD 159.964.2

Índice para catálogo sistemático:

1. Psicanálise CDU 159.964.2

Sobre o autor

Éric Smadja é psiquiatra, psicanalista (de adultos e casais), membro da *Société psychanalytique* de Paris e da *International Psychoanalytical Association.* Além disso é antropólogo, membro associado da *American Anthropological Association.*

Conferencista internacional e criador de uma formação em terapia psicanalítica de casal, é ainda vencedor do Prêmio da "Contribution exceptionnelle à la recherche psychanalytique", concedido pela *International Psychoanalytical Association*, em 2007. Suas pesquisas são, em particular, de natureza plural e interdisciplinar.

É autor de numerosas obras, em sua maioria publicadas em diferentes línguas: *Le Rire* ("Que sais-je", PUF, 1993); *Le complexe d'Œdipe, cristallisateur du débat psychanalyse/anthropologie* (PUF, 2009) ; *Le Couple et son Histoire* (PUF, 2011); *Couples en psychanalyse* (dir.) (PUF, 2013); *Freud et la Culture* (PUF, 2013); *On Symbolism and Symbolisation: The Work of Freud, Durkheim and Mauss* (Routledge, 2018).

Conteúdo

Apresentação

Já se passaram mais de dez anos desde que, em *Le couple et son histoire*[1] [O casal e sua história] (2011), eu iniciei uma exploração do casal seguindo uma abordagem plural e interdisciplinar – integrando a história, a antropologia, a sociologia e a psicanálise –, em que relatei várias histórias: sua história sociocultural, que começou pela instituição do casamento; a de sua construção enquanto objeto de conhecimento e de tratamento psicanalítico, cujos fundamentos foram estabelecidos por S. Freud e depois por M. Klein, D.W. Winnicott e W. Bion; sua história natural ou ciclo da vida conjugal, desde o encontro dos dois parceiros até seu envelhecimento juntos; enfim, as histórias dos casais em sofrimento que vão consultar um terapeuta de casal e empreendem um trabalho psicanalítico conjunto.

Tratou-se de uma primeira *ordenação e formatação* de uma pesquisa que se esforçou então em construir uma representação geral do casal, unificada e inteligível, embora inevitavelmente heterogênea.

---

1 Smadja, É. (2011), *Le couple et son histoire*, PUF.

Além disso, estabeleci algumas bases fundamentais e introduzi noções e conceitos, tais como:

- sua realidade multidimensional, corporal-sexual, sociocultural e psíquica, esta organizada segundo três níveis estrutural-funcionais, grupal, intersubjetivo e individual-intrapsíquico;
- sua natureza essencialmente ambivalente, conflitual e crítica;
- a noção de neurose inter-transferencial que constitui parcialmente todo casal no nível intersubjetivo;
- suas conflitualidades estruturais, externas, de ordem histórica e sociocultural, e internas, tanto individuais-intrapsíquicas quanto intersubjetivas;
- o conceito de trabalho de casal;
- o conceito de cultura conjugal e de identidade conjugal;
- os princípios fundamentais de uma técnica específica de trabalho com os casais.

Depois, em 2013, em *Couples en psychanalyse*[2] [Casais em psicanálise], convidei alguns colegas terapeutas de casais a apresentar, mediante o relato de uma história de terapia, por um lado, uma problemática conjugal inerente à história de todo casal, tal como a vida erótica, o desejo de filhos e a etapa crítica do nascimento de um filho, e, por outro lado, uma situação dolorosa frequentemente encontrada: as violências conjugais e a extraconjugalidade.

Essas duas obras formam assim um díptico.

Desde então, dez anos já se passaram, e como o tempo passa rápido! Eles foram marcados, notadamente, por numerosas publicações desenvolvendo certos aspectos do casal, viagens de conferências e seminários de formação, no curso dos quais apresentei minhas ideias sobre o casal e sobre o trabalho psicanalítico com os casais, o que

2 Smadja, É. (2013), *Couples em psychanalyse* (org.), PUF.

me ofereceu a oportunidade de encontrar colegas e públicos variados e estimulantes. Além disso, evidentemente segui minha atividade de psicanalista de casais e de leitor de obras, o que inevitavelmente nutriu e enriqueceu meu trabalho de pensamento sobre essa realidade que imaginei então bem mais complexa.

Todavia, o antropólogo que sou, igualmente sentiu com força esse desejo tão antigo de trabalhar em outros objetos de pesquisa, particularmente investidos, notadamente em concepções freudianas da sociedade e da cultura (*Freud et la culture*[3], 2013), e depois em um *fragmento* de história das ideias em ciências humanas e sociais em torno dos caminhos da descoberta do simbolismo e da simbolização, individuais e coletivos, descoberta revolucionária realizada por esses pais fundadores das ciências humanas e sociais que são Freud, Durkheim e Mauss. Trata-se de *On symbolism and symbolisation: The work of Freud, Durkheim and Mauss*[4] (2018).

Desde então, minha pulsão de investigação, sempre tão vivaz, me *forçou* a revisitar o casal, desta vez exclusivamente em sua realidade psíquica, e a encarar, por um lado, as modalidades de uma exploração metapsicológica, sustentada pelas reflexões de autores que não são especialistas em casais, mas que são muito inspiradores e estimulantes nessa nova pesquisa. Citaria, em especial, Freud, M. Klein, D.W. Winnicott, W. Bion, D. Anzieu, G. Bayle, M. Bouvet, C. David, J.-L Donnet, M. Fain, A. Green, B. Grunberger, R. Kaës, É. Kestemberg, S. Lebovici, P. Luquet, P. Marty, M. De M'Uzan, C. Parat, P.-C. Racamier, B. Rosenberg, R. Roussillon, J. Schaeffer.

E ainda, por outro lado, a repensar o trabalho psicanalítico com os casais, igualmente apoiado nos escritos de autores, psicanalistas

3 Smadja, É. (2013), *Freud et la culture*. PUF.

4 Smadja, É. (2018), *On Symbolism and Symbolisation: The Work of Freud, Durkheim and Mauss*, Routldge.

individuais (P. Denis, A. Green e M. Neyraut), grupanalistas (D. Anzieu, R. Kaës) e de casais (J.-G. Lemaire).

Com efeito, todos esses autores me ajudaram a revisitar os três níveis "estrutural-funcionais" que eu já havia identificado, diferenciado e explorado, particularmente.

Munido de suas elaborações conceituais tão diversas, ricas e fecundas, eu podia enfim me situar melhor no seio desse universo tão complexo, tanto pela pluralidade e heterogeneidade de seus materiais, quanto por seus tópicos, compostos de múltiplos espaços, estratos e redes de relações de interdependência, mas também por sua dinâmica, plural e multilocal, animada por forças, conflitualidades e, enfim, por sua economia atravessada por correntes de investimentos pulsionais de natureza tão diferente.

Quanto ao meu trabalho com casais, pude pensar e teorizar meu método, as características da situação analítica com os casais – produzindo em particular um *grupo terapêutico* cujo papel será fundamental –, seu enquadre, a dinâmica processual, assim como as especificidades da dinâmica transferencial e contratransferencial, certas características do analista no trabalho, mas também certos aspectos técnicos de meu trabalho, táticos mas também interpretativos, sempre em referência ao trabalho individual e ao trabalho com grupos. Isso me permitiu diferenciá-lo e singularizá-lo.

Proponho então dois painéis formando um díptico.

O primeiro, "trabalho de casal", comporta uma exploração metapsicológica do trabalho de casal nos três níveis estrutural-funcionais (individual-intrapsíquico, intersubjetivo e grupal) (capítulos 2, 3 e 4).

Essa investigação é precedida por uma introdução que recorda o essencial do conceito de trabalho de casal e por um capítulo 1 consagrado ao amor, ao estado amoroso e aos principais tempos estruturais e organizadores psíquicos do casal, depois ao trabalho de escolha do objeto conjugal e sua historicidade.

Esse primeiro painel se encerra com o capítulo 5, consagrado ao papel desempenhado pelo trabalho de casal na temporalidade conjugal. Assim, ofereceremos algumas reflexões metapsicológicas, depois abordaremos a essência crítica de todo casal, algumas perspectivas evolutivas, os fatores de durabilidade de um casal vivo. Enfim, introduziremos as modalidades de um questionamento sobre a separação dos dois parceiros e a ruptura correlata do casal.

Realcemos que não abordarei o universo heterogêneo e complexo dos casais homossexuais, homens ou mulheres, notadamente porque penso que seu trabalho de casal não comporta grandes diferenças em relação aos casais heterossexuais. Os aspectos tópicos, dinâmicos e econômicos, quer sejam individuais-intrapsíquicos, intersubjetivos ou grupais, apresentam fortes semelhanças. Além disso, viver em casal apresenta as mesmas problemáticas fundamentais para os homossexuais e os heterossexuais. Uma das principais diferenças se refere ao tipo de escolha de objeto, heterossexual ou homossexual, com sua historicidade própria.

Ademais, cabe-nos evidentemente diferenciar os casais amorosos ou conjugais e os casais que se tornaram parentais. Contudo, minha exploração do trabalho de casal nos três níveis estrutural-funcionais não os distinguirá particularmente. Por outro lado, poderei refletir sobre as relações dinâmicas e econômicas entre a dimensão amorosa-conjugal e parental de todo casal no contexto do trabalho de casal.

O segundo painel, "trabalho com casais", é condicionado e sustentado por essa nova abordagem metapsicológica.

Ele começa por considerações introdutórias, epistemológicas e metodológicas, e então apresenta um primeiro capítulo, clínico, consagrado à diversidade das circunstâncias da consulta de casais em sofrimento. O capítulo 2 evoca a tomada de contato com o analista, as entrevistas preliminares ou o "encontro", depois os critérios de avaliação e de decisão de um trabalho com os casais. Enfim, o último capítulo desenvolve os aspectos técnicos, tanto táticos quanto estratégicos, do trabalho do analista, assim como certos aspectos de seu próprio trabalho psíquico em sessão com um casal. As características da atividade interpretativa serão ilustradas por uma situação clínica muito sugestiva, que será seguida pelos efeitos esperados e pelos benefícios de um trabalho com casais.

PARTE I

TRABALHO DE CASAL

Introdução

Rememoração do conceito de trabalho de casal

A construção de um casal e sua durabilidade *viva* provêm de um trabalho não só de ordem psíquica, mas também de ordem sociocultural e corporal-sexual, é um trabalho de casal, conceito que introduzi em 2011 em *Le couple et son histoire*.

Rememoremos o essencial desse conceito, em sua multidimensionalidade, seus fracassos e funções.

Esse conceito interdisciplinar de trabalho de casal nos ajuda a interpretar os fatos conjugais como pertencentes a cada uma das três realidades – corporal-sexual, psíquica e sociocultural –, dotadas de sua temporalidade própria, mas também a compreender suas articulações necessárias, bem como suas insuficiências.

Esse trabalho de casal é realizado conjuntamente pelo ego de cada parceiro a serviço dos interesses do casal. Investido por uma parte mais ou menos importante, esse trabalho mobiliza os níveis, inconsciente, pré-consciente e consciente, e comporta aspectos tópicos, dinâmicos e econômicos. Ele se realiza, pois, no seio das três realidades do casal já descritas, a temporalidade de cada qual condicionando a do trabalho respectivo. Deve poder criar conflitos e realizar ligações flexíveis, dinâmicas e econômicas entre essas três realidades, assegurando um funcionamento conjugal sustentável, duradouro e satisfatório, tanto para o casal quanto para cada um de seus dois membros. Todavia, ele não pode ser pensado fora de sua relação antagonista, permanente e estrutural, com o *trabalho individual* ou *trabalho do indivíduo*, realizado a serviço de cada parceiro. Assim, ao longo do tempo, como o ego de cada um deles partilhará seus investimentos entre o trabalho individual e o trabalho de casal? Em outras palavras, quais partes poderá consagrar a si próprio e ao casal? Além disso, inevitáveis diferenças se manifestarão entre os dois parceiros, quanto a esse antagonismo, mas também acerca do investimento preferencial dessa ou daquela realidade conjugal, que poderão ser ou não compensadas pelo trabalho do conjunto. Essas diferenças serão variáveis ao longo do ciclo conjugal, mas poderão igualmente se mostrar congeladas, o que acarretará o risco de determinar dificuldades conjugais.

Na sua *realidade sociocultural*, o casal conjugal-amoroso deve necessariamente constituir um "casal de trabalho" que lhe forneça os meios materiais de sua existência social, posicionando-o na vasta e complexa estrutura social estratificada e diferenciada. Assim, o trabalho de casal comportará um trabalho doméstico, um trabalho de socialização conjugal, um trabalho parental (quando o casal conjugal se tornar casal parental), entre outras formas que se inscrevem no quadro mais geral do trabalho de elaboração de uma cultura e de uma identidade conjugais, tornado possível pelo trabalho prévio realizado no seio da realidade psíquica.

Esse "casal de trabalho" corresponde a um dos dois níveis de funcionamento conjugal, se nos referirmos às concepções de W.R. Bion[1]

1 Bion, W.R. (1953). *Recherches sur les petits groupes*. PUF, 2000.

(1953) e de D. Anzieu[2] (1975) sobre os grupos. O outro é o "casal fantasístico", em interrelação com ele, que vai se alimentar de fantasias, de investimentos pulsionais, mas também limitá-lo por angústias e medidas defensivas. Esse "casal de trabalho" representa uma cooperação consciente e voluntária dos dois parceiros na realização de tarefas comuns e diferentes, em relação com a existência material e social do casal. Ele comportaria, segundo esses autores, as características do ego, aqui o "ego conjugal" regido pelo princípio da realidade e animado pela lógica de funcionamento dos processos secundários. Essa comparação, evidentemente, não é exclusivamente racional, "secundarizada", mas também penetrada e até mesmo perturbada por uma circulação emocional e fantasística, consciente e inconsciente, estimulante ou paralisante.

No seio da *realidade corporal-sexual*, me parece que o trabalho de casal consiste em: investir e manter os investimentos do corpo do outro, de natureza narcísica, erótica, terna e agressiva; construir representações de corpos sexuados separados e uma "fantasia de acoplamento [*couplage*, termo que remete a *couple* (casal) (N.T.)] psicocorporal"; identificar-se com o outro, mobilizando para isso sua própria bissexualidade psíquica; comunicar segundo diversos modos, verbal e não verbal, comportamental, mimogestual, por exemplo mensagens narcísicas, eróticas, ternas, agressivas. Tudo isso se traduzindo, em particular, por uma capacidade de se ocupar do corpo do outro, de ser seduzido pelo seu corpo, de seduzi-lo por seu próprio corpo, de rejeitá-lo igualmente como um sinal de alerta.

Uma interrogação se põe quanto ao destino das "organizações psicossomáticas" de cada membro, ao longo da vida conjugal. Serão elas melhor protegidas de traumas desorganizadores quando o

---

2 Anzieu, D. (1975). *Le groupe et l'inconscient*, Dunod.

trabalho de casal é satisfatório, ou seja, quando ele pode ter, em particular, efeitos paraexcitantes?

No caso contrário, os incidentes corporais do trabalho serão potencialmente nefastos, porque traumatogênicos e, pois, desorganizadores – exprimindo então um fracasso desse trabalho? Uma reflexão sobre uma *psicossomática do casal* deveria ser introduzida, questionando, notadamente, o papel do casal e do trabalho de casal, mediante suas diversas modalidades de participação, na economia psicossomática de seus parceiros. Inversamente, poderíamos interrogar os incidentes de uma desorganização somática vivida por um dos membros nos três registros da realidade conjugal.

E quanto à sexualidade do casal? Ela é diversificada em seu repertório de práticas, proporciona satisfações de natureza narcísica, erótica (pré-genital e genital) e agressiva. Nos casais heterossexuais, as duas correntes libidinais, a hétero e a homossexual, poderão ser satisfeitas seja diretamente, para a primeira, seja de um modo fantasístico pela identificação ao parceiro, para a segunda. Seu investimento será variável em função da cultura conjugal, das etapas do ciclo conjugal, da evolução de cada parceiro e da economia de seus investimentos, da evolução da relação intersubjetiva deles em alguns de seus aspectos, em particular. Poderá realizar um certo equilíbrio com a sexualidade autoerótica de cada qual.

Se o discurso psicanalítico evoca a realização de um estado de completude narcísica (Grunberger), o reasseguramento sobre sua integridade narcísica (Green), a aquisição de um sentimento de segurança psíquica, o fato de viver "bem" (Klein), mas também a realização da fantasia do "corpo comum imaginário", fantasia de bissexualidade negando a diferença dos sexos, a castração e a alteridade, ele sublinha igualmente o necessário trabalho psíquico subjacente, o trabalho individual ("trabalho do feminino", de J. Schaeffer, por exemplo) combinando-se com o do parceiro, mobilizando a diferença dos sexos e a bissexualidade de cada qual, identificações múltiplas, a gestão de angústias pré-genitais e genitais e certos conflitos específicos: aquele entre a dimensão erótica, com o caráter retensivo do desejo, e a da descarga pulsional (Fain e Braunschweig), mas também entre a sexualidade e o desejo narcísico de indiferenciação, enfim, entre sexualidade e autoconservação.

A temporalidade corporal-sexual apresenta uma discrepância inevitável com as temporalidades psíquica e sociocultural, o que é fonte de conflitos e de angústias, sobretudo quando do envelhecimento dos parceiros. O trabalho de casal se esforçará para resolvê-los mediante ajustes e melhores ligações entre as três realidades componentes do casal.

E quanto ao trabalho de casal no seio da *realidade psíquica*?

O *grupo conjugal* existe quando se operou entre os parceiros uma construção psíquica comum e partilhada, uma "psique conjugal" que a partir de então funcionará enquanto tal e que produzirá, em particular, "formações conjugais de compromisso", elas mesmas comuns e partilhadas. Essa psique conjugal resulta então de um trabalho de "conjugação" e de conflitualização de partes de cada psique individual mobilizadas para construir esse grupo conjugal. Essa realidade grupal provém igualmente da combinação de alianças inconscientes, estruturantes, defensivas e ofensivas (Kaës[3], 2009).

A convergência das fantasias dos dois parceiros e sua elaboração unificadora produziriam então formações de compromisso como ideologias, mitologias, utopias (Anzieu, 1975) que orientarão e determinarão as representações gerais da vida conjugal, as atividades cotidianas, os projetos, tal como terão incidências sobre os diferentes tipos de trabalho realizados, e finalmente sobre a elaboração de uma cultura e de uma identidade conjugais.

3 Kaës, R. (2009), *Les alliances inconscientes*. Dunod.

O *grupo conjugal* é também provido de um "corpo vivo, comum e partilhado, fantasístico", lugar de residência de sua psique. O casal é, com efeito, fantasisticamente vivido por seus dois membros não apenas como um "corpo vivo matricial", mas igualmente investido como um ser vivo em crescimento, que tem necessidades vitais, psíquicas e funcionais a satisfazer e que inevitavelmente atravessará períodos críticos mutativos e maturativos.

O *espaço intersubjetivo*, animado de conflitualidades estruturais, articula sistemas de relações de objeto de cada qual, realiza um jogo cruzado de identificações e de projeções, e põe em relação os complexos de Édipo e fraterno dos dois parceiros, o que contribui à constituição de uma neurose inter-transferencial.

Quanto ao *espaço individual-intrapsíquico*, ele é também animado por uma pluralidade de conflitos, geradores de angústias e de medidas defensivas correlatas, que cada parceiro deverá tentar resolver para aceitar entrar na relação conjugal e cocriar o grupo conjugal: entre o ego e o objeto amorosos, o ego e o objeto-casal, entre os objetos amorosos e objeto-casal, identidade e alteridade, mas também entre os objetos partilháveis e não partilháveis de cada qual.

Evoquemos agora as incidências do trabalho de casal sobre os dois parceiros e seus fracassos.

Se compreendemos a vida de casal de cada qual como a expressão da articulação dinâmica necessária de um trabalho de casal e de um trabalho individual, com suas partes respectivas, combinando-se aos efeitos do trabalho de casal do conjunto, poderá ela ser sobretudo benéfica para uns e sobretudo nefasta para outros? A resposta está também ligada à existência de eventuais fracassos do trabalho de casal. Quais serão? Eles devem ser concebidos de diversas maneiras.

Em um plano quantitativo, evocaremos as insuficiências do trabalho do ego de ambos os cônjuges ou de um dos dois, que não são compensadas pelo trabalho do outro. Podem relacionar-se com uma ou várias realidades, o resultado sendo vivido como insatisfatório por um ou pelos dois parceiros, virtualmente conflitual com os movimentos projetivos hostis, o que conduzirá a um sofrimento conjugal.

Que entendemos por excessos do trabalho de casal? Podemos compreendê-los como um investimento predominante desse trabalho pelo ego de um dos cônjuges ou por ambos, em detrimento do trabalho individual. O que terá incidências individuais nefastas, em um tempo ulterior, com implicações conjugais. Pode tratar-se, por outro lado, do superinvestimento de uma ou de várias realidades em detrimento de outras, determinando um custo econômico aos efeitos potencialmente desorganizadores, por enfraquecimento ulterior do trabalho.

No plano qualitativo, consideraremos os aspectos sistemáticos e congelados, portanto pouco flexíveis e mobilizáveis, insuficientes no plano criativo, das modalidades de realização desse trabalho, quaisquer que sejam as realidades, corporal-sexual, psíquica ou sociocultural. Encararemos igualmente o trabalho de ligação entre essas três realidades que pode ser insuficiente ou excessivo, bem como o que assegura a coerência e a harmonização entre suas temporalidades próprias.

Esse trabalho de casal e seus fracassos nos conduzem inevitavelmente a interrogar-nos sobre as noções de normalidade e de patologia na vida de casal, sobre suas funções, sobre sua evolução ao longo do tempo individual e conjugal.

A cada um dos três registros de sua realidade correspondem algumas funções.

Além de suas *funções psíquicas* encarregadas de assegurar aos membros do casal satisfações diretas bem regressivas, de ordem narcísica, aquelas de aspirações simbiótico-fusionais, mas também de satisfações fantasísticas, mediante as identificações, masculina e feminina, tornadas possíveis pela mobilização da bissexualidade de cada qual, o trabalho de casal responde igualmente a necessidades defensivas e protetivas com relação a perigos internos (pulsões pré-genitais, homossexualidade, pulsões de destruição, fantasias e angústias múltiplas, de ordem pré-genital e edipiana) e eternas (objetos persecutórios ou conflituais projetados), que são satisfeitas pela realização de alianças inconscientes defensivas. Além disso, ele permitiria, nos sujeitos de organização psíquica frágil, assegurar uma função "enquadrante" e estruturante, sugerindo a função de "ego auxiliar" da mãe para seu bebê. Contudo, uma das principais funções do trabalho de casal é igualmente favorecer uma certa durabilidade à vida conjugal, para além de toda forma de sofrimento (psíquico, social, corporal-sexual). Enfim, evocaremos a função reparadora de feridas narcísicas precoces em seus membros.

Suas *funções corporais-sexuais* consistiriam na proteção da organização psicossomática e no duplo investimento durável, narcísico e erótico, de seu próprio corpo e do corpo do outro, assim como o trabalho de casal possibilitaria satisfações sexuais, pré-genitais e genitais, erótica e agressiva, heterossexual direta e homossexual indireta, em um modo fantasístico, por identificação ao parceiro. Associaremos igualmente o reforço da identidade conjugal e o da componente sexuada da identidade de cada um dos parceiros.

Enfim, como já desenvolvemos, o casal, com seu trabalho, deve assegurar sua existência material e social, produzir seus meios para conseguir isso e satisfazer suas necessidades nesse domínio conjugal. Ele deve criar uma cultura conjugal conferindo ao casal modalidades específicas de existência e uma identidade singular. Quando o casal se torna parental, deve realizar um trabalho parental e familiar, um trabalho educativo em particular.

Enfim, o trabalho de casal deve conflitualizar esses três registros pelo estabelecimento de ligações dinâmicas e de investimentos economicamente equilibrados, de ordem libidinal e autoconservadora.

Tendo chegado ao final dessa rememoração, devemos agora abordar as experiências e tempos, prévios e fundadores, aqueles do amor e do estado amoroso, depois os tempos organizadores psíquicos da construção de todo casal, integrando evidentemente a historicidade e as diversas modalidades do trabalho de escolha do objeto conjugal.

1. Amor, estado amoroso, tempos estruturais, organizadores psíquicos do casal e trabalho de escolha do objeto conjugal

Amor e estado amoroso

Catherine Parat (1967) nos lembra que o amor edipiano corresponde ao primeiro modelo do amor que não atinge realização pulsional, mas apenas uma satisfação de natureza terna e sublimada. Todavia, a renúncia necessária e inevitável ao primeiro objeto de amor constitui para a criança um fracasso, tanto objetal quanto narcísico, que deixará sua marca no amor adulto.

Uma característica essencial dessa relação amorosa adulta consiste, ela avalia, em "sintetizar uma parte sempre conhecida de emoções (sempre, quer dizer, depois da emoção edipiana) com uma parte de emoções radicalmente nova, o amor adulto se estabelecendo em parte sobre o antigo desejo edipiano[1]".

Por sua vez, Christian David (1971) nos convida a considerar o amor como *uma entidade mista* na qual ele detecta tanto uma parte de repetição quanto uma parte de renovação, de narcisismo e

1 Parat, C. (1967). L'organisation œdipienne du stade génital. *Revue Française de Psychanalyse*, 31 (5-6), 802-803.

de objetalidade, de tendência expansiva à síntese e de antagonismo interno, a ideia de laço inter-humano específico e de manifestação transferencial, de movimento regressivo reestruturante e de defesa.

Esse estado partilhado culmina assim na formação de um novo laço, em uma metamorfose de psiques individuais, mas também, pelo fato das identificações e das projeções cruzadas, na constituição de uma díade relacional. O amor será ao mesmo tempo uma culminação, "mas também a busca de um grande movimento evolutivo e organizador[2]".

Ele observa que, em cada um dos amantes, existe e se desenvolve uma nostalgia da díade original mãe-criança, combinando-se à ferida edipiana, à culpa inconsciente e à ambivalência. O amor "primário", com suas componentes pré-genitais de ordem oral, anal e fálica e os aspectos do conflito edipiano, é subjacente ao amor adulto.

Ele define o estado amoroso como "constelação dinâmica de desejos, de sentimentos, de fantasias e de afetos, conscientes e inconscientes, que modifica, por um tempo, a organização psíquica do sujeito em suas três dimensões, dinâmica, econômica e tópica, e que se traduz por uma disposição irresistível para constituir o objeto eleito enquanto fonte e centro de toda satisfação, de toda felicidade, mobilizando o essencial dos recursos energéticos"[3].

É reviver um conjunto de afetos e de desejos antigos transferidos, mas é também iniciar uma vida nova.

Essa dimensão transferencial e inter-transferencial, entre os dois amantes, deve ser sublinhada e nós exploraremos mais adiante sua importância e suas implicações para a estruturação de todo casal.

2 David, C. (1971), *L'état amoureux*. Payot, p. 211.

3 *Ibid.*, p. 45.

Em referência, por um lado, às cicatrizes inevitáveis deixadas pelo conflito edipiano e, por outro, à interminável espera pubertária, a "surpresa do amor" e o estado amoroso trariam uma compensação tardia, assim como constituem inconscientemente uma revanche contra o casal parental, antes frustrante por sua mera existência e pela realidade de uma cumplicidade entre adultos, e também uma reparação que equivale a um triunfo e que vem tardiamente compensar o sentimento de fracasso inevitável.

> *A ferida narcísica, tanto quanto o trauma da exclusão, encontram enfim seu verdadeiro remédio*[4].

Todavia, David sublinha que essas alegrias do estado amoroso e suas significações inconscientes de triunfo, revanche e reparação tardias representam também, no inconsciente dos amantes, uma realização adiada das transgressões outrora impossíveis. Donde um sentimento inconsciente de culpa que parece sempre presente no estado amoroso.

Tempos estruturais e organizadores psíquicos inconscientes do casal

Quais são as motivações psíquicas inconscientes que nos levam a procurar um estado amoroso e a criar um casal?

Como escolhemos nosso parceiro amoroso e conjugal?

Por que escolher esse ou aquele parceiro e não um outro, em tal momento de sua vida?

Eu considero que:

---

4 *Ibid.*, p. 187.

- o primeiro tempo da nostalgia da relação com o objeto primário maternal, portanto a do casal primordial mãe-criança – espaço de identificação primária mútua e fonte de integridade e de completude narcísicas para a criança –, articulada com a censura do amante, portador de fantasias de sedução e de cena primitiva;
- depois o segundo tempo, o do Édipo, e seu correlato, a organização edipiana do estado genital, inscrito no bifasismo da sexualidade – com seus tempos infantil e pubertário separados pelo período de latência;
- enfim o complexo fraterno, encaixado no Édipo, constitui os tempos estruturais e os organizadores psíquicos inconscientes fundamentais que contribuem à construção de todo casal.

Partamos ao encontro deles.

Relação com o objeto primário materno

Essa busca nostálgica da relação com o objeto primário materno corresponderia ao desejo de satisfazer nossa fantasia originária de retorno ao estado fetal, à matriz materna, portanto à fusão feto-maternal, mas também à "unidade mãe-bebê", descrita por D.W. Winnicott. Não esqueçamos que Freud falava da mãe não apenas como alguém que nutre e prodigaliza cuidados à sua criança, mas como alguém que suscita nela um bom número de sensações corporais agradáveis ou desagradáveis. A mãe é então a primeira sedutora da criança, de *sua* criança, o que deixará nela traços mnésicos indeléveis.

Citemos essa passagem muito explícita de seu *Abrégé* [*Esboço*] (1940): "O primeiro objeto erótico da criança é o seio materno nutridor; o amor nasce apoiando-se na satisfação da necessidade de alimento [...]. Com os cuidados corporais, ela (a mãe) se torna a primeira sedutora da criança. É nessas duas relações que se enraíza a significação única, incomparável, fixada por toda a vida de maneira inalterável, da mãe como objeto de amor, o primeiro e o mais forte, como protótipo de todas as relações de amor ulteriores – nos dois sexos"[5].

Na perspectiva de pensamento de B. Grunberger[6] (1971), essa busca da "união narcísica" com o parceiro visaria ao "reestabelecimento da integridade narcísica" perdida por cada um de nós muito precocemente, e produziria um estado de "completude narcísica" traduzindo-se pela imagem fálica no inconsciente dos parceiros.

P.-C. Racamier[7] (1995) evoca a "sedução narcísica" mútua mãe-criança que sucede à unidade corporal pré-natal ou fusão feto-maternal para constituir uma unidade em que cada qual se reconhece. Essa relação narcísica mãe-criança, visando a constituir uma unidade todo-poderosa, entra naturalmente em uma relação de antagonismo com as "forças de crescimento" que levam à diferenciação, à separação e à autonomia.

Trata-se, segundo P.-C. Racamier, do conflito pré-edipiano, aquele das origens, opondo assim as forças da sedução narcísica àquelas do crescimento. O que podemos observar em todo casal.

Com efeito, existe tanto uma sedução de natureza narcísica, mobilizando os processos de identificação primária e o narcisismo primário dos dois parceiros conjugais, visando a reconstituir a unidade feto-maternal todo-poderosa, quanto uma sedução objetal, de natureza erótica, cada qual sendo reconhecida e apreciada em sua alteridade e sua singularidade. Assim como uma necessidade individual de diferenciação e de separação.

Esse conflito pré-edipiano seria então reativado em todos os casais.

---

5 Freud, S. (1940), *Abregé de psychanalyse* (p. 283), *OCF.P, XX*, 1937-1939, PUF, 2010.

6 Grunberger, B. (1971), *Le narcissisme*. Payot.

7 Racamier, P.C. (1995). *L'inceste et l'incestuel*. Les éditions du Collège.

Nós procuramos, e às vezes encontramos, no seio de um casal e em certos momentos particulares, esses diversos aspectos dessa relação primária e primordial, mas também alguns outros, que devem ser descobertos desde já.

Lembremos, notadamente com A. Green[8] (1990), que a mãe deve desempenhar para a criança o papel de *ego auxiliar*, de *continente pulsional* e de *espelho*. Evoquemos igualmente o papel das paraexcitações maternas e da censura da amante com M. Fain[9] (1971).

> *Para a mãe que tem um instinto materno normalmente desenvolvido, o bebê tem um ego, o seu, uma capacidade de amor, a sua*[10].

Com efeito, quando a mãe está presente, investe o id de seu bebê, que se torna por isso, somente em parte, seu ego. Esse investimento do recém-nascido por sua mãe é acompanhado por um recuo narcísico que chega a "maternalizar o meio". Uma identificação primária é então formada pela mãe e pela criança. A fonte pulsional própria à criança se situa assim no interior desse "sistema maternalizante" e no seio da identificação primária. A mãe assegura um papel paraexcitante para seu bebê e seria assim responsável pela organização do recalque primário.

Contudo, apesar desse investimento materno, uma parte de sua libido permanece nitidamente erótica, ou seja, subsiste em algum lugar uma mulher que cria no seio desse meio maternalizante uma zona proibida, o quarto do casal. Desinvestindo então provisoriamente sua criança quando o desejo a transforma em mulher, ela rompe a

---

8 Green, A. (1990). *La folie privée*. Gallimard.

9 Fain, M. (1971). Prélude à la vie fantasmatique. *Revue Française de Psychanalyse*, 35 (2-3).

10 *Ibid.*, p. 320.

identificação primária e assim libera as potencialidades pulsionais do id de sua criança.

Desse modo, *a censura da amante* será de imediato exercida sobre essas potencialidades suscetíveis a incomodar o desejo paterno, a fim de lhe dar o campo livre, e o desinvestimento materno levará sua criança a dar forma a representações que estarão em ressonância com as fantasias originárias (sedução e cena primitiva).

> *A mãe e a mulher permanecerão para sempre inimigas inconciliáveis*[11].

A criança se torna, desde então, um incômodo cujo id deve ser silenciado, neutralizado. Para se desvencilhar dele, ela precisará embalar a criança para dormir.

A *censura da amante* se encarrega antes de tudo de proteger esse desejo paterno situado fora do aparelho psíquico, mas M. Fain nos afirma que o exercício dessa censura inscrita no lugar desse desejo no id da criança, de fato, confirma uma situação inscrita na existência da fantasia originária.

Assim, cada parceiro poderá, deverá poder, alternada ou simultaneamente, desempenhar com o outro, os papéis maternos de ego auxiliar, de continente pulsional, de paraexcitações e de espelho, permitindo "psiquizar" o vivido traumático da vida amorosa de cada qual, mas também ajudar o outro a reforçar seus contrainvestimentos. Daí a função defensiva procurada e realizada por cada membro do casal.

Quanto à *censura da* amante, conceitualizada por M. Fain, ela nos parece conter um dos determinantes psíquicos primários da constituição do casal. Com efeito, quando a mãe desinveste sua criança para

---

11 *Ibid.*, p. 320.

investir seu narcisismo e o desejo do pai, transformando-se assim em mulher amante, ela introduz sua criança em uma triangulação edipiana precoce e a uma futura cena primitiva; o que participaria das primícias do desejo de criação de um casal "futuro", por identificação histérica precoce com o desejo da mãe, tornada de novo amante do pai.

Debrucemo-nos agora sobre o papel de espelho primário descrito por D.W. Winnicott, depois retomado por Green e notavelmente desenvolvido por R. Roussillon[12] (2008) com a introdução de seu modelo de uma homossexualidade (homossensualidade) primária duplicada.

Embora esse modelo se refira, de início, à organização da relação primária mãe-bebê, ele pressupõe, contudo, que o "fundo" dessa relação primária continue presente e mais ou menos ativo ao longo de toda a vida. Daí, para nós, sua suposta presença subjacente, ativa e buscada, em toda relação conjugal, o que constitui todo seu interesse.

Do que se trata, precisamente, e como ela participaria da dinâmica conjugal?

Segundo Roussillon, as primeiras formas de satisfação e de organização do laço primário, o "fundo" da experiência de satisfação, supõem a construção e o encontro de um objeto "duplo" de si, formado sobre o modelo do narcisismo unificado da criança.

Um duplo é simultaneamente o mesmo e o outro, o que exclui a indiferenciação e a confusão psíquica. Esse duplo se torna e é tornado semelhante no encontro e nas condições deste.

Para que exista uma certa qualidade de prazer "homossexual em duplo", o outro deve ser encontrado como um semelhante, e deve aceitar *compartilhar os mesmos estados de ser, os mesmos estados de alma*. É o papel da mãe, mas também aquele que é procurado junto ao parceiro amoroso e conjugal.

---

12 Roussillon, R. (2008), *Le jeu et l'entre-je (u)*. PUF.

Roussillon avalia que o processo pelo qual cada um dos dois parceiros se constitui como espelho e duplo do outro deve se estabelecer em dois níveis entrelaçados: o primeiro nível é o de uma partilha "estética" e de uma partilha de sensações corporais, é aí que ele pode ser dito "homossensual"; esse nível forma o fundo sobre o qual vai se estabelecer o segundo nível, o de uma sintonização afetiva e de uma partilha emocional.

Esse processo condicionaria assim o prazer "homossexual em duplo" e seus componentes psíquicos.

O Édipo

"O Édipo representa", segundo Catherine Parat (1967), "o conflito psíquico que cria uma estruturação libidinal verdadeiramente nova; constitui o cerne da evolução humana, instaura um modo novo de ser, de sentir, de pensar, de comunicar-se com os outros"[13].

A triangulação edipiana constitui uma tentativa de agrupar os afetos ternos e os desejos eróticos no objeto heterossexual, e os afetos de ódio no objeto do mesmo sexo. Contudo, o objeto homossexual permanecerá sendo, ao mesmo tempo que um rival, um objeto de amor e um modelo.

Ela culminará sobretudo no investimento amoroso de um objeto do sexo oposto, ou seja, para o rapaz e para a garota, "no reconhecimento e valorização no amor da diferença dos sexos"[14].

Contudo, esse movimento pulsional culmina em um fracasso, em razão da renúncia ao objeto do desejo, por razões tanto superegóicas (medo da castração para o rapaz, medo da perda do amor da mãe para

---

13 Parat, C. (1967), *Op. cit.*, p. 795.

14 *Ibid.*, pp. 796-797.

a garota) quanto de "involução" – em razão da necessidade para ambos de conservar o objeto de identificação do mesmo sexo –, assim como por aquelas que se ligam à *inadequação do objeto*, repousando então no desvio de maturação física e psíquica entre o sujeito e o objeto.

O que constitui o trauma narcísico do fracasso edipiano.

É por isso que a satisfação pulsional, a realização do desejo da criança edipiana só pode ser uma virtualidade, no ápice do seu primeiro surto edipiano. A criança é então "fechada na virtualidade"[15].

Consequentemente, o conflito edipiano comporta ao mesmo tempo uma "constante e inevitável frustração objetal grande e um fracasso narcísico conjunto" que deixarão "um traço que assinala justamente a nossa humanidade, e cuja marca podemos considerar indelével, enquanto durar a vida"[16].

Como sugere Michel Fain[17] (1967), esse fracasso edipiano desempenha na evolução libidinal o papel de um ponto de fixação.

Christian David[18] (1967) confere um valor *estruturante e mutativo à totalidade do bifasismo* que rege a instauração da sexualidade humana.

O que nós admitimos e reconhecemos igualmente enquanto organizador psíquico inconsciente de todo casal.

A latência

Do ponto de vista estrutural, ela se apresenta como um período de maior autonomização, de fortalecimento e de preponderância

15 *Ibid.*, p. 797.

16 *Ibid.*, p. 795.

17 *Ibid.*, "Intervention sur le rapport de C. Parat".

18 *Ibid.*, "De la valeur mutative des remaniements post-œdipiens, intervention sur le rapport de C. Parat".

econômica do ego, mas também como aquele que vê constituir-se, enquanto instância independente e específica, o superego.

Vemos então a criança em luta contra seu modelo pulsional e, em particular, em luta contra suas pulsões sexuais, utilizando uma grande parte do restante de suas forças disponíveis para realizar a função sintética do ego, ainda pouco operante no início da latência.

Produz-se então uma diminuição das atividades sexuais, juntamente com uma dessexualização maior ou menor das relações objetais e dos afetos, bem como uma desfusão das correntes libidinais objetais e narcísicas.

O desejo erótico – que persiste como corrente inconsciente – se transforma em amor terno. Há esboços de sublimação e formações reativas novas.

Após a travessia do período de latência, quando do florescimento pubertário, vão reaparecer as pulsões sexuais, mais ou menos modificadas, pelo trabalho do período de latência, mas também uma revivescência de afetos e de conflitos edipianos, assim como uma limitação das consequências do fracasso edipiano.

A adolescência

Évelyne Kestemberg (1999) avalia que, se tudo se prepara na infância, até mesmo na primeira infância, tudo se desenrola na adolescência, cujo "*après-coup*" é característico. O que nos interessa particularmente quanto à historicidade da escolha do objeto amoroso e conjugal.

Esse período, em que está em jogo o destino do adulto, tem lugar em um momento no qual o corpo de cada indivíduo é definitivamente sexuado.

A adolescência lhe parece desempenhar um papel organizador e transformador da infância à idade adulta e representa "um trabalho psíquico considerável de elaboração do campo de forças muito diversas, ao fim do qual o adolescente tornado adulto deverá ter:

- integrado uma imagem nova de um corpo sexuado, portanto renunciado a possuir os dois sexos;
- assegurado novas fontes de regulação de suas tensões internas e de seus prazeres que levem em conta seu acesso à possibilidade de relações sexuais, em ligação com sua sexualidade infantil tal como ela pôde se organizar em torno de suas zonas erógenas e de seus objetos internos organizadores de sua neurose infantil;
- se assegurado de uma regulação da autoestima mais independente do entorno imediato, na constituição da qual se integram os avatares dos laços com os primeiros objetos, as interiorizações superegóicas pós-edipianas, como os ideias do meio no qual ele vai evoluir"[19].

É o processo de autonomização com relação aos pais, e, portanto, de identificação, que está em jogo.

Todavia, Kestemberg também sublinha que a adolescência tem uma potencialidade "traumática", devido ao acesso à possibilidade de realizações sexuais genitais e à exigência de trabalho psíquico representado pela pulsão sexual e pelas transformações do corpo que ela implica.

Em que então se tornou esse objeto do desejo edipiano durante a expansão genital da adolescência?

Parat (1967) especifica que, a partir da puberdade, o objeto investido já não é o objeto edipiano, pois um dos movimentos da adolescência consiste, precisamente, na separação dos objetos parentais,

---

19 Kestemberg, E. (1999). *L'adolescence à vif* [A adolescência à flor da pele]. PUF, pp. 170-171.

necessária para que "o jovem ou a jovem adquira um *status* de adulto, ou seja, uma liberdade afetiva, com a possibilidade de investir um objeto de amor distinto do progenitor edipiano ou de um substituto"[20].

Em consequência, esses diferentes remanejamentos, que concernem tanto às pulsões sexuais quanto ao objeto de amor, culminarão na possibilidade de estabelecer uma relação amorosa, parte da qual não se edificará sobre o antigo desejo edipiano.

Nos casos clássicos, o conjunto de todos esses afetos vai se encontrar dirigido a um mesmo objeto heterossexual. A satisfação genital, quando puder se desenvolver, vai se ver acompanhada e duplicada por satisfações pré-genitais e homossexuais, o objeto amoroso sendo investido de diferentes maneiras.

Por outro lado, a *fixação edipiana* perpetua o conflito edipiano e o fracasso do primeiro impulso edipiano genital, frequentemente negando o seu conflito. Se existe uma fixação, o objeto investido permanece, com efeito, o objeto edipiano parental, ou um substituto direto (parental ou fraterno) deste.

A organização edipiana do estágio genital

Como já tínhamos mencionado, a *organização edipiana do estágio genital* (Parat, 1967) corresponde a um modo de estruturação libidinal, resultante da triangulação edipiana, que realiza o estágio genital e mantém a repartição dos afetos em dois setores, um estando ocupado pelo objeto heterossexual, o outro preenchido por "os outros", exterior ao casal.

Ela corresponde assim a uma dupla relação em um sistema triádico:

20 Parat, C. (1967), *Op. cit.*, p. 764.

- *uma relação heterossexual* que agrupa e sintetiza uma corrente genital, uma corrente sentimental terna e uma corrente pré-genital, em favor de um objeto real rumo ao qual essas correntes são atraídas, e que não é nem o progenitor edipiano, nem um substituto desse progenitor;
- *uma relação homossexual* que se estabeleceu com o mundo exterior, com a "realidade" constituída pelo conjunto dos outros.

Essa relação pressupõe, é claro, a existência de objetos internos correspondentes, a relação com os objetos reais compreendendo sempre movimentos de projeção e movimentos de introjeção"[21].

Nós examinaremos mais amplamente esses dois tipos de *relações interativas* quando de nossa exploração do nível intersubjetivo, bem como sua dinâmica temporal, em um capítulo consagrado à temporalidade do casal.

O objeto casal e o Édipo

Segundo Roussillon[22] (2008), o casal é um "objeto" cuja construção e investimento também têm uma história na economia libidinal infantil e adulta.

Quando a criança é confrontada, no início de seu conflito edipiano, aos impasses narcísicos da organização de sua vida pulsional autoerótica, ela vai transferir a realização de seu ideal à representação do casal de seus pais reunidos, cujo momento central deveria ser situado na organização da fantasia da cena primitiva.

O casal se torna então, para a criança edipiana, esse objeto ideal, "tudo em um", no qual os dois sexos podem ser reunidos, onde descarga e prazer da descarga se combinam com o laço e o prazer da ligação.

---

21 *Op. cit.*, p. 769.

22 *Op. cit.*

Considerados separadamente, tanto o pai como a mãe mostraram suas insuficiências, mas, reunidos em casal, eles formam uma entidade onipotente.

Esse objeto casal inventado pela criança é um objeto, ao mesmo tempo narcísico, onipotente, e objetalizante, permitindo a toda criança sair de sua posição autoerótica para ir ao outro e formar com esse outro um casal onipotente, à imagem do objeto casal inventado.

Confrontada à realidade de seu casal parental, a criança pode então começar a diferenciar o objeto casal interno que ela criou e a percepção do casal atual, o que a leva assim à elaboração de um duplo casal parental, atual e interno, idealizado.

Isso lhe permite adquirir uma certa independência com relação ao casal percebido de seus pais e, segundo Roussillon, uma certa "dissolução" do Édipo seria possível, consistindo nessa distribuição, em duas cenas diferentes, da relação do casal atual e da relação à representação interna do objeto casal, como tal transferível para diferentes objetos.

Nós imaginamos facilmente que a invenção desse objeto casal onipotente ajudará também a criança a atenuar o trauma narcísico do fracasso edipiano, assim como contribuirá, via transferência, para a construção de seu futuro casal na idade adulta.

Nós identificamos assim uma historicidade na construção psíquica do casal e da escolha do objeto conjugal, marcada, como já indiquei, por diferentes tempos estruturais e organizadores psíquicos inconscientes. Vamos agora retomá-los mais precisamente:

Um primeiro tempo organizador corresponde à **fusão feto-maternal seguida do sistema composto pelo casal mãe-criança e pela censura da amante** que mobilizam as identificações primárias e narcísicas. As fantasias originárias já estão em ação, entre elas a fantasia intrauterina, depois as fantasias de sedução e de cena primitiva com a censura da amante.

Segue-se então **um primeiro tempo de latência**, de ordem narcísica e autoerótica, dominado pelo prazer do órgão e das pulsões pré-genitais, até **o Édipo**.

O Édipo, primeiro impulso genital – com seu duplo fracasso, objetal e narcísico e a construção de um "objeto casal" onipotente –, representa o **segundo tempo organizador**, acompanhado de fantasias de sedução, de cena primitiva e de castração.

Ele produzirá, "se tudo ocorrer bem", **a organização edipiana do estágio genital** que comporta uma dupla relação, heterossexual com o objeto escolhido, que não é mais o objeto edipiano, e homossexual, com o mundo exterior, esse conjunto formando então um sistema triádico, resultante da triangulação edipiana.

O período de latência propriamente dito, o da espera pubertária, constitui um segundo tempo de latência que é seguido pelo **terceiro tempo organizador, o da eclosão pubertária e da adolescência**, com suas transformações corporais, sexuais e seus remanejamentos psíquicos permitindo enfim ao adolescente a realização física e psíquica de seus desejos primários e edipianos.

Todavia, um **quarto tempo organizador** será constituído por uma última passagem determinante, o do acesso à idade adulta, que pressupõe a superação das provações críticas da adolescência, assim como as possibilidades de escolha definitiva do objeto amoroso e de construção de um casal adulto, diferente do casal adolescente.

Abordemos enfim o último organizador do casal.

O complexo fraterno

A propósito, por que considerar o complexo fraterno como um outro organizador psíquico inconsciente do casal?

Como nos indica Kaës (2008), o complexo fraterno nos confronta a esse *outro semelhante, duplo narcísico e talvez bissexuado*, que, em nosso mundo interno, ocupa o lugar fantasístico de um irmão ou de uma irmã. Se o complexo fraterno é um organizador psíquico dos laços fraternos, como no seio de todo grupo, como igualmente no seio de todo casal, os movimentos intertransferenciais fraternos feitos de amor, de rivalidade, de ciúme, de ódio e de inveja, em particular, vão se produzir entre os dois parceiros, reatualizando modos de relações de objeto fraterno infantis.

Daí o papel do complexo fraterno enquanto organizador, específico e complementar, do casal.

Além disso, a noção de homossexualidade primária elaborada por Kestemberg (1984) e a de homossexualidade (homossensualidade) em duplo, evocada e desenvolvida por Roussillon (2008), nos remetem também a certos aspectos do complexo fraterno nessa relação estruturante com o duplo narcísico e com a partilha das mesmas sensações, emoções, pensamentos e fantasias. E o casal é esse espaço onde se pode reviver ou viver por uma primeira vez essa experiência com o outro semelhante, esse duplo narcísico e bissexuado.

Assim, entramos no casal tanto via Édipo quanto via complexo fraterno, parafraseando R. Kaës.

O que ele nos diz precisamente sobre o complexo fraterno?

O complexo fraterno deve sua especificidade à sua organização e sua função. Sua estrutura é organizada conjuntamente pela atração, desejo, amor, curiosidade, mas também pela rivalidade, ciúmes, inveja, ódio e rejeição que um sujeito experimenta ante esse outro semelhante que, em seu mundo interno, ocupa o lugar fantasístico de um irmão ou de uma irmã.

> *O complexo fraterno está encaixado no complexo de Édipo, mas em seu princípio um não se confunde com o outro*[23].

R. Kaës distingue duas formas principais do complexo fraterno, uma forma arcaica e uma forma edipianizada:

No complexo fraterno arcaico retornam as fixações às imagens e figuras do duplo narcísico, da homossexualidade e da bissexualidade fraterna ou "adélfica".

---

23 Kaës, R. (2008). *Le complexe fraternel.* Dunod, p. 217.

As formas arcaicas do complexo fraterno nascem no espaço psíquico cuja localização é o corpo fantasístico da mãe preenchida de irmãos e irmãs, enquanto objetos parciais e não sujeitos diferenciados.

Entre as principais figuras do duplo que a clínica do complexo fraterno nos mostra, *o duplo narcísico especular*, irmão ou irmã, é o mais frequente, forma perfeita de si mesmo que representa no espelho o irmão para a irmã e a irmã para o irmão eleito.

A bissexualidade psíquica, ele avalia, é uma complicação do duplo narcísico: enquanto identificação, ela implica a instalação da alteridade. Contudo, existe uma zona de sobreposição entre o duplo narcísico e o duplo bissexuado. A irmã e a esposa são duas figuras de duplos femininos para um homem, o duplo narcísico e o duplo que deveria realizar sua fantasia bissexuada.

O complexo fraterno passa do arcaico ao edipiano quando os irmãos e irmãs são simbolicamente desfusionados e separados do corpo materno, e consequentemente reconhecidos como distintos e objetos totais.

No complexo fraterno edipianizado vem o reconhecimento da alteridade e da articulação vital entre o parental e o fraterno.

A conclusão edipiana do complexo fraterno exige um duplo movimento de identificações: a identificação ao semelhante de mesma geração, oriundo da mesma origem (é a componente narcísico da identificação) e a identificação ao progenitor do mesmo sexo, que preserva ao mesmo tempo a componente bissexual das identificações com o pai e a mãe.

Citemos alguns componentes ativos que não desenvolveremos, tais como o amor fraterno, a fantasia incestuosa e os afetos do *ódio*, da *inveja* e dos *ciúmes*.

Aliás, se os laços fraternos são organizados, do ponto de vista psíquico, pelo complexo fraterno, Kaës considera que este tem uma existência e um consistência que independem dos laços fraternos.

Enfim, o complexo fraterno se modifica quando da morte dos pais, reativa-se no nascimento de seus próprios filhos, e em todas as grandes transformações da vida que nos recolocam em contato com o infantil.

Devemos agora explorar mais exaustivamente a historicidade e as diversas modalidades da escolha do objeto amoroso e conjugal, a qual procede de um verdadeiro trabalho psíquico.

Historicidade e trabalho da escolha do objeto amoroso e conjugal

Lembremos, em primeiro lugar, o valor estruturante e mutativo ligado à totalidade do bifasismo que rege a instauração da sexualidade humana. Com efeito, essa evolução em dois tempos condiciona a obrigação de renunciar ao objeto do amor edipiano que é um objeto para sempre perdido, porém procurado.

Os diferentes remanejamentos do trabalho do período de latência e da adolescência, que se referem tanto às pulsões sexuais quanto ao objeto do amor, comportarão notadamente *um trabalho de separação, de desinvestimento dos objetos parentais reais* abrindo a possibilidade de investir um futuro objeto amoroso que não o progenitor edipiano ou um substituto direto (parental ou fraterno), portanto de estabelecer uma relação amorosa que em parte não se edificará no antigo desejo edipiano. Será preciso, segundo C. David (1971), que esse futuro objeto amoroso apresente afinidades com relação ao antigo e plasticidade com relação ao novo.

"Encontrar um objeto de amor é reencontrá-lo, como escreveu Freud, mas é também o descobrir e quase inventá-lo"[24], sublinha

24 David, C. (1971). *L'état amoureux*. Payot, p. 64.

David (1971), o que nos sugere o objeto (re)encontrado-(re)criado de Winnicott.

Certamente, mas Green (1967) nos oferece, sobre esse tema, alguns detalhamentos esclarecedores e necessários. Ele defende que é a ameaça de castração, recalcada, "que será a causa da orientação e do apego a um *outro objeto*, desde que, como sabemos, encontrem-se nele certos traços que marcaram mais decisivamente o objeto edipiano. Pouco importa que esses traços possam ser os que comprometerão a nova união ao despertar a ameaça de castração: o essencial é que o *retorno* do primeiro apego encontre saída e realização"[25].

Esse retorno é evidentemente o do recalcado da representação do objeto edipiano.

Com efeito, responsável pelo declínio do complexo de Édipo, a ameaça de castração se revela também como protetora, na medida em que a necessidade de abandonar o objeto interdito e de fazer adormecer a sexualidade durante a latência permitiria "o renascimento ulterior de um apego não esgotado em seu investimento, em busca de um novo objeto que terá a dupla vantagem de ser diferente do primeiro, portanto outro, e, contudo, unido a ele por um lado de identidade parcial[26]".

Assim, o futuro objeto amoroso da adolescência e sobretudo da idade adulta será, por um lado, diferente do objeto edipiano, necessariamente outro e, por outro lado, comportará mesmo assim laços de identidade parcial.

Esse objeto amoroso se revestirá, portanto, da estrutura de uma formação de compromisso que provém de um verdadeiro trabalho psíquico que começou, de fato, antes mesmo do período de latência.

---

25 Green, A. (1967). "Les fondements différenciateurs des images parentales. Intervention sur le rapport de C. Parat". PUF, pp. 896-897.

26 *Ibid.*, p. 897.

Em definitivo, o que descobriremos com esses autores, em particular com A. Green, *é a realidade de um trabalho psíquico determinante da futura escolha de objeto amoroso da idade adulta*, principalmente.

O da adolescência situa-se em um período crítico que vai conduzir a uma escolha de natureza defensiva, de tipo narcísico, comportando uma parte notável de investimentos homossexuais.

Nessa perspectiva, os trabalhos de J.-G. Lemaire, no prolongamento dos de Freud e de M. Klein, estabeleceram de uma maneira determinante, notadamente em *Le couple, sa vie, sa mort* (1979), as diferentes modalidades da escolha do objeto conjugal, introduzindo algumas até então inéditas, e insistindo sobre sua dupla polaridade: enquanto fonte de satisfações de múltipla ordem (narcísica, erótica, terna e agressiva) e a serviço do reforço da organização defensiva do ego de cada parceiro.

As diferentes escolhas do objeto segundo J.-G. Lemaire

Na relação de tipo conjugal, ou seja, fundada na dupla polaridade, satisfação e defesa. J.-G. Lemaire considera que "o objeto escolhido deve então corresponder, ao mesmo tempo, a características positivas como todo objeto em toda relação amorosa, mas, além disso, deve apresentar características complementares determinantes, aquelas que permitem ao sujeito manter sua unidade, a coerência e a defesa de seu ego, em suma, sua estabilidade e sua segurança em face de ameaças interiores ligadas à persistência de correntes pulsionais recalcadas e que permanecem vivas. Assim, o que o sujeito seleciona entre as características de seu futuro cônjuge, além das possibilidades comuns de satisfação, é a capacidade de participação em sua organização defensiva, principalmente nos setores onde ele se apresenta de certa forma falho. Essa é, sem dúvida, a lei mais geral que determina as particularidades da escolha do parceiro principal na relação conjugal"[27].

Esses diversos tipos de escolha retomam e desenvolvem os três organizadores psíquicos inconscientes do casal que eu assinalei e expus (relação mãe-criança, Édipo e complexo fraterno), mas apresentam também outras, de natureza defensiva. Além disso, essas escolhas de objeto se inscrevem em uma dinâmica conjugal sistêmica que desenvolve a intuição kleiniana de uma correspondência dos inconscientes dos dois parceiros.

Escolha referida às imagos parentais, ou seja, escolha edipiana

O Édipo, nas suas formas positiva e negativa, deixa ali sua marca:

- seja na escolha de objeto por substituição, referida diretamente a uma das figuras parentais;
- seja sob forma indireta, defensiva, em que o sujeito procura utilizar um futuro parceiro para se proteger melhor de desejos edipianos demasiado intensos, recalcados no inconsciente, mas ainda não superados.

Distinguiremos assim:

- a escolha do cônjuge em referência direta, seja positiva, seja negativa, à imago do progenitor do sexo oposto;
- e a escolha do cônjuge em referência à imago do progenitor de mesmo sexo, mobilizando a bissexualidade psíquica dos parceiros.

27 Lemaire, J.-G. (1990). *Le couple, sa vie, sa mort*. Payot, p. 66.

Escolha referida às imagos positivas e negativas do casal parental

Escolha de objeto narcísico integrando um dos destinos da libido homossexual

O que se é, o que se foi, o que se gostaria de ser (ideal do ego) e a pessoa que é ou foi uma parte de si. Essa escolha narcísica é, com efeito, favorecida pelas componentes homossexuais inconscientes e facilita a co-identificação mútua. Essa modalidade de escolha é frequente e prevalente particularmente nos sujeitos homossexuais e nos adolescentes.

Vamos encarar agora alguns tipos de escolha defensiva.

Escolha de objeto defensiva contra as pulsões pré-genitais

O objeto amoroso pode ser utilizado como meio de proteção contra diversas expressões de pulsões parciais (sádicas, masoquistas, voyeuristas, exibicionistas), mal ou pouco integradas ao conjunto da vida pulsional e devendo ser mantidas recalcadas ou contra-investidas.

Escolha da falha

Trata-se de uma modalidade inédita de escolha de objeto que ainda não havia sido identificada.

Com efeito, benefícios narcísicos podem ser extraídos da escolha no parceiro de características negativas. É a falha latente do objeto que é então escolhida no próprio terreno em que o sujeito teme ser falho. Pode se tratar de tendências depressivas, de impulsividade, de capacidades afetivas, intelectuais, sociais. Tratar-se-ia então de culpar o parceiro pela falha que tememos em nós. Assim, o sentimento de seu próprio valor se manifesta graças a esse parceiro mais falho.

Escolha do parceiro como proteção contra o risco de um amor intenso e para evitar ser engolido ou devorado por um objeto de amor demasiado absorvente

Uma relação mais pobre, ou mais ambivalente e misturada com um pouco de ódio, é menos temida e pode talvez ser considerada como protetora: é assim que esses sujeitos podem ser levados a escolher seu parceiro, principalmente para evitarem ser engolidos ou devorados.

Para alguns, essa percepção de um perigo é acompanhada de sintomas, seja de ordem psíquica (ansiedade, agressividade, por exemplo), seja de ordem somática (impotência, frigidez, cefaleias, etc.). Em outros, essa percepção se traduz por um comportamento quase preventivo, como o afastamento do objeto escolhido, a manutenção de um grande número de atividades ou de participações emocionais e afetivas além do parceiro principal ou a multiplicação preventiva de parceiros extraconjugais.

Essa estratégia defensiva leva então o sujeito a escolher, sem que ele saiba, um objeto que apresenta percepções análogas. Daí porque se pode observar nos casais a introdução, no seu espaço relacional, de um terceiro separador e protetor.

Escolha do parceiro como suporte de projeção de objetos internos maus, persecutórios

A problemática da relação com um parceiro investido como objeto mau é sempre complexo e instável, uma vez que ele não pode ser investido apenas dessa maneira, mas sempre em associação com outros modos mais positivos de investimento.

Em geral, ele é, em um primeiro momento, objeto de desejo e investido como bom de um modo ambivalente, mas que em seguida se inverte. Seu investimento narcísico deve permanecer pelo menos por algum tempo superior à sua qualidade de objeto mau, fonte de frustração e de perseguição.

Certos sujeitos, habitualmente perturbados por importantes dificuldades relacionais, comportam-se como se tivessem necessidade de um parceiro para odiar, caso contrário mergulham em problemas maiores, e notadamente em um delírio de perseguição, ou em uma experiência persecutória acompanhada de perturbações de comportamento correspondentes.

De fato, convém reconhecer essa problemática em um grau ou outro no seio da maioria dos casais, uma vez que ela terá um dia de se manifestar, de maneira mais ou menos velada.

Avalio que essa problemática, em menor escala, é habitual em muitos casais quando se trata de *utilizar o parceiro e o casal como um "espaço de lixo", lugar e sistema de descarga sanitária de uma experiência persecutória, de um montante elevado de excitação psíquica ligada a frustrações e feridas múltiplas da vida cotidiana, que não estão em relação direta com o parceiro.*

Judith e *Albert*, ambos na casa dos trinta anos, se conheceram por ocasião de sua primeira aula de motociclismo. Mãe de duas filhas, de dois homens diferentes, atuante na área do ensino, ela se apresenta como intelectual, culta e com o domínio dos afetos.

Ele, pai de uma adolescente, é um "vendedor". Apresenta-se com alguém pueril, engraçado, pouco culto e particularmente impulsivo.

> Trata-se de um casal onde encontramos a combinação de vários tipos de escolha já evocados: a referência ao casal parental, positiva para Albert e negativa para Judith; a escolha de uma falha procurada em Albert por Judith, em um certo terreno, o de uma fragilidade afetiva e emocional que se exprime em particular por uma impulsividade e acessos de violência que a impressionam e fascinam. Ela teria a tendência a induzi-los inconscientemente.

De fato, ela aproveitaria esses acessos de violência dirigidos também contra ela, para gozar fantasisticamente, por identificação com ele, ao mesmo tempo em que ela se confirma melhor do que ele, ou seja, mais sólida e mais séria ao criticá-lo e condená-lo por essa transgressão. Descobrimos que Judith apresenta algumas disposições semelhantes às de Albert, mas elas são recalcadas e contrainvestidas. Ela jamais pôde explodir como fantasiava. Mas nesses acessos de cóleras Albert identificava-se com seu pai violento, de quem tinha medo. Ele se comporta também como uma criança turbulenta e raivosa, com Judith representando uma figura ao mesmo tempo materna e superegóica, portanto culpabilizante. Com efeito, Albert, depois de seus acessos impulsivos, sente-se infeliz, envergonhado e culpado, como um mau filho e mau companheiro, decepcionante. O conjunto provavelmente satisfazia disposições masoquistas, autopunitivas, importantes nele. Se Judith é atraída por essa fragilidade de Albert, ela representa para ele uma figura ideal, por seu controle emocional, sua inteligência, sua cultura e sua facilidade de expressão. Mas, além disso, ela fala demais e o invade com seus discursos "que o derrubam". A proteção contra o risco fantasístico de ser invadido, engolido e devorado exprime-se nele por uma necessidade regular de tomar distância por seu trabalho, levando-o a ausentar-se do casal por alguns dias. Nela, essa distância se exprimirá por sua necessidade de colocar, entre os dois, os pais de suas filhas, com os quais ela conserva uma amizade preciosa que suscita ciúmes em Albert. Enfim, sublinhamos uma componente homossexual nitidamente marcada no casal, traduzindo-se por uma masculinidade de Joëlle que atrai Albert, ao mesmo tempo em que uma certa feminilidade deste a seduz particularmente. Esses são como que dois bons amigos que se divertem juntos!

Depois de termos identificado esses tempos estruturais e organizadores psíquicos inconscientes do casal, assim como a historicidade do trabalho de escolha do objeto amoroso e conjugal, e suas diversas modalidades, é hora de examinar as características do trabalho de casal em ação no seio de cada um dos três níveis estrutural-funcionais da realidade psíquica conjugal.

2. O trabalho de casal no nível individual-intrapsíquico

Nesse nível, considero o trabalho de casal que opera nas relações, inevitavelmente conflituais, do ego de cada parceiro com seus dois novos objetos, objeto amoroso e objeto-casal (externo e interno, percebido e representado); assim como entre esses dois objetos. Ele será mais particularmente apreendido mediante a organização do ego, de suas pulsões e seus objetos internos, seguindo uma exploração metapsicológica que aborda os aspectos tópicos, dinâmicos e econômicos.

Todavia, permaneçamos conscientes de que é a totalidade do aparelho psíquico (primeira e segunda tópicas) de cada qual que está evidentemente envolvida nesse trabalho de casal. Além disso, tenhamos em mente que esse trabalho de casal, realizado pelo ego de cada parceiro a serviço dos interesses do casal, mantém sempre uma relação antagônica com o trabalho do indivíduo ou trabalho individual, realizado a serviço dos interesses de cada qual. É o que descobriremos com o objeto-trabalho.

De início, lembraremos alguns dados fundamentais sobre o ego e seu ambiente objetal, a fim de contextualizar a presença em seu seio de dois novos objetos que o trabalho de casal deverá, notadamente, ajudar a integrar limitando as reações defensivas do trabalho individual em particular.

O ego (tópica, dinâmica e economia)

Lembremos que o ego é uma instância essencial do conflito (Green[1], 1973), conciliadora e organizadora das descargas e arranjos da relação. É uma organização diretamente ligada às relações objetais e cujas funções podem ser modificadas por estas últimas (Luquet[2], 2003).

A situação tópica do ego o cliva em duas partes inconciliáveis: no cruzamento da realidade interna e externa, ou por sua dupla orientação, ele é dilacerado entre o ego-prazer e o ego-realidade.

Além disso, o ego está preso entre duas frentes: a das pulsões, suscetíveis de serem contidas, e a do objeto, muitas vezes incerto, considerado como o mais perigoso, pois é preciso levar em conta as pulsões que estão em ação na relação com ele (Green, 1973).

Segundo Green[3] (1993), o funcionamento do ego permite discernir diversos planos:

- um modo de ação *vis-à-vis* as pulsões;
- um funcionamento em relação com seu organizador interno;
- uma atividade orientada ao exterior.

Em consequência, o ego de cada parceiro envolvido em uma relação conjugal deverá também agir tanto sobre suas próprias pulsões quanto estabelecer e organizar suas relações objetais (externas e internas), bem como gerir seu funcionamento interno.

1 Green, A. (1973), *Le discours vivant*. PUF.
2 Luquet, P. (2003), *Les identifications*. PUF.
3 Green, A. (1993), *Le travail du négatif*. PUF.

Entre as principais funções do ego, mencionaremos: a percepção e o reconhecimento da realidade externa; a preservação da autoconservação; o investimento narcísico que garante a organização narcísica do ego; a dessexualização; a identificação; os mecanismos de defesa cujos papéis são múltiplos; a ligação da energia livre e o controle dos afetos (Green[4], 1973). Enfim, evoquemos a função sintética do ego que cria ligações entre o conjunto de suas correntes contraditórias. São sínteses dinâmicas e energéticas de automanutenção. Um nível energético de base é assim assegurado a fim de alimentar e manter a dinâmica do ego. Os aportes vêm do id e são mantidas no ego apenas pela atividade fantasística. Afora ela, não há senão diversas descargas (Bayle[5], 2012).

Por oposição ao regime desregrado e anárquico dos investimentos do id, o ego possui uma rede de investimentos estáveis e em nível constante. Ela funciona com energia convertida pela dessexualização relativa que serve para constituir o aspecto específico dos investimentos do ego: autoconservação, garantia de seus limites e de sua coesão, fortalecimento de sua consistência.

Essa energia servirá também às diferentes operações do trabalho de casal.

O ego e seus objetos

O casal metapsicológico pulsão-objeto

"Ninguém é sem objeto. Ninguém é o que é sem objeto[6]", declarou Green (1983).

---

4 *Op. cit.*

5 Bayle, G. (2012). *Clivages*. PUF.

6 Green, A. (1983). *Narcissisme de vie, narcissisme de mort*. Éditions de Minuit, p. 198.

Com efeito, "o objeto é o *revelador das pulsões*. Ele não as cria – e sem dúvida podemos dizer que ele é criado por elas ao menos em parte – mas é a condição para que elas venham a existir[7]".

Além disso, *agido pelas pulsões*, o ego tende a se ligar ao objeto como a seu complemento. Com efeito, uma psique por si mesma não pode ligar o conjunto da vida pulsional, é por isso que ela deve se ligar aos objetos. Daí a *função de ligação e de imbricação, portanto simbolizante, dos objetos externos*.

Assim, para que a pulsão não seja vivida como perigosa e destrutiva, é preciso que o sujeito possa contar com o objeto.

Além disso, graças ao objeto, o ego consegue estabelecer em seu seio um regime de investimentos estáveis, em nível constante.

Assim, diremos, "no princípio" era o casal metapsicológico pulsão-objeto, definido por A. Green, a pulsão constituindo, segundo ele, a *matriz do sujeito*.

E, à luz de suas reflexões, posso defender que *o ego contém já em seu seio um casal primordial, o casal metapsicológico pulsão-objeto, matriz do futuro casal amoroso-conjugal*.

O ambiente objetal do ego

O conjunto de objetos de todo sujeito, tanto os externos quanto os internos, constitui seu ambiente com o qual "ele organiza relações específicas modeladas por seus conflitos inconscientes"[8]. Existe uma interação contínua que une o ego do sujeito a seus objetos, reais e fantasísticos (M. Bouvet e S. Viderman, 1969).

---

7 *Op. cit.*, *Le travail du négatif*, p. 117.

8 Bouvet, M. e Viderman, S. (1969). La relation d'objet. In Nacht, S. (dir). *La théorie psychanalytique*. PUF, p. 390.

Recordarei que um duplo aspecto está desde o início presente na obra de Freud:

- o objeto é um *elemento constitutivo da pulsão*, portanto interno à montagem pulsional (fonte, pressão, objeto e meta). É intercambiável, mas indispensável;
- o objeto é *externo à pulsão*: faz parte do mundo exterior, percebido, representado. É visado e investido pela pulsão de modo que é percebido pelo sujeito como causa do desejo;
- ele é, portanto, um *cruzamento*, situado ao mesmo tempo na realidade psíquica do sujeito e na realidade exterior, fora do sujeito. Objeto de desejo e de identificação.

O poder revelador e organizador de desejos do objeto externo só se pode conceber em referência ao fato de que constitui um *analogon* do objeto fantasístico que possibilita assim a satisfação pela atualização e realização da fantasia.

Por outro lado, não estando à disposição do eu, sua exterioridade acarreta, de fato, a dependência do sujeito com relação a ele e revela-se fonte de conflitos.

O conflito entre o ego e o objeto-trauma

Com efeito, o objeto não é fixo nem permanente, como sublinha Green[9] (1983). Ele é *aleatório* no tempo e no espaço. Tem seus humores e seus desejos próprios, que só parcialmente coincidem com os do ego. Tem sua meta e seu objeto, que não vão necessariamente no sentido da reciprocidade esperada pelo ego. E fontes de traumas, como mostrado pela incapacidade do ego de o controlar. Ele torna-se ao mesmo tempo desejável e indesejável – amável e odiável.

9 *Op. cit.*

O conflito é então inevitável entre o ego e *o objeto-trauma*. Ao falar de objeto-trauma, Green visa essencialmente a ameaça que o objeto representa para o ego, na medida em que força o ego a modificar seu regime por sua mera existência.

O ego é ao mesmo tempo a sede dos efeitos do trauma e a sede das reações contra essa dependência em relação ao objeto, constituindo uma parte importante das defesas do ego contra o objeto cujas variações independentes desencadeiam a angústia. Por conseguinte, A. Green sublinha que o problema das relações entre ego e objeto é aquele dos limites, o de seus limites, de sua coexistência. Esses limites são tanto internos quanto externos, ou seja, os limites entre ego e objeto entram em ressonância com os limites entre id e ego.

O que é particularmente esclarecedor para compreender as relações entre o ego de cada parceiro conjugal e seu objeto amoroso, notadamente.

Funções subjetivante e simbolizante do objeto

Todavia, o objeto não é apenas uma fonte de conflitos e traumas, ele *subjetiva* ou permite ao sujeito experimentar-se enquanto tal, daí a *função subjetivante do objeto* sugerida por Roussillon[10] (2008).

Por seu papel paraexcitante, seus comportamentos e seu devaneio, o objeto será objeto *"a" simbolizar,* na sua diferença, sua alteridade, sua falta.

Mas, como já dissemos, uma psique por si só não pode ligar o conjunto da vida pulsional, e o "sexual" marca o limite da autossuficiência do psiquismo individual e o imperativo de ligação com os objetos. Daí porque a psique deve ligar-se aos objetos e encontrar assim outras modalidades de ligações. Assim, o intrapsíquico deve

10 *Op. cit.*

necessariamente abrir-se ao intersubjetivo pela problemática da *utilização do objeto*, a de objetos externos, e de sua *função de ligação e imbricação, portanto simbolizante.*

Roussillon precisa que esse registro da *utilização do objeto* concerna ao objeto *"para" simbolizar.*

Representações e papéis do objeto

Evoquemos agora, com B. Brusset[11] (2007), *algumas representações e papéis do objeto que poderemos reencontrar com o objeto amoroso e o objeto-casal.*

Desde o início, o objeto pode representar uma *fonte externa de excitação* que anima o sujeito, que *representa* suas pulsões, suscitando então reações defensivas como a instauração de uma distância protetora.

Pode também ser um objeto libidinal, parcial, oral, anal ou fálico, fonte de satisfação.

Sendo bipulsionalmente investido, o objeto é percebido como perigoso, ameaçador ou odiável. *Inversamente*, pode também ter um papel paraexcitante.

O objeto pode igualmente representar e desempenhar o papel de superego para o sujeito, não somente como proibidor, mas como regulador pulsional e garantidor do narcisismo e da autonomia do sujeito, donde o paradoxo de uma dependência ao objeto que é a condição do sentimento de proteção, de integridade e de autonomia.

Enfim, o objeto pode representar e desempenhar *o papel do ego do sujeito*, do qual é o suplente (papel do "ego auxiliar", definido por M. Bouvet). Enquanto "ego auxiliar", o objeto poderá ajudar o sujeito,

---

11 Brusset, B. (2007), *Psychanalyse du lien*. PUF.

"apassivado" por suas moções pulsionais vividas como perigosas e destrutivas, a torná-las toleráveis, como uma mãe com seu filho.

Os dois novos objetos do ego: o objeto amoroso e o objeto-casal

Ambos são objetos de tipo externo e interno, fantasístico, total e parcial, e de natureza objetal e narcísica. Bupulsionalmente investidos por Eros e pela pulsão de morte, são objetos de ambivalência, portanto de amor e de ódio.

Assim como o ego de cada parceiro terá relações de conflitualidade com esses dois objetos, estes manterão ou poderão manter entre si igualmente relações conflituais no seio do ego.

O objeto amoroso

O objeto amoroso é o parceiro amoroso, outro sujeito desejante, definido como objeto percebido e situado na realidade externa. É caracterizado por sua alteridade e sua autonomia, mas também pelo trabalho de sua escolha específica, em referência a objetos fantasísticos, de origem pré-genital (objeto materno primário), mas também de origem edipiana (objetos materno e paterno).

Esse objeto amoroso será diferente dos objetos internos edipianos, embora comporte laços de identidade parcial. Será, pois, *o produto de uma formação de compromisso. Sua dimensão transferencial* atualizará assim a ressonância e a correspondência com os objetos internos, pré-genitais e edipianos, do sujeito, que são então projetados sobre esse objeto amoroso. Sua introjeção, acompanhada ou não de uma identificação com ele, operações do trabalho de casal do ego de cada parceiro, constituirá um objeto interno que, por um lado, se ligará ao mundo objetal interno do sujeito e, por outro lado, poderá realizar várias funções no seio do ego: fonte de excitação e de satisfação libidinal, representante das pulsões do ego, função para-excitante e de contenção pulsional, ego auxiliar, mas igualmente uma função superegoica, por exemplo.

Diversas relações de conflitualidade estarão em ação entre o ego do sujeito e as representações internas e fantasísticas desse objeto amoroso, entre estas e sua realidade perceptiva, inevitavelmente evolutiva.

Examinemos com Rosenberg[12] (1991) o dualismo pulsional entre Eros e pulsão de morte em ação no seio desse objeto amoroso, objeto bipulsionalmente investido, e suas incidências sobre a relação ego--objeto amoroso.

Para a constituição da "unidade" do objeto, para sua ligação-coerência interna, é preciso que a libido, portanto Eros, consiga constituí-lo e conservá-lo – o que corresponde à função objetalizante de A. Green (1993) –, assim como é preciso que a pulsão de morte não consiga a desagregação do objeto (função desobjetalizante). O que corresponde a uma outra operação do trabalho de casal do ego.

Especifiquemos que essa libido comporta doses variadas de investimentos narcísico e objetal, assim como de investimentos heterossexual e homossexual. Além disso, Rosenberg defende que uma boa relação entre a libido e seu objeto, ou o que dela resulta, entre o desejo e o objeto do desejo, comporta necessariamente um aporte de pulsão de morte que os coloque a uma distância suportável um do outro, assim possibilitando uma elaboração do desejo, evitando a colisão direta entre o desejo e seu objeto.

Por outro lado, a exterioridade do objeto amoroso, enquanto fonte de traumas para o ego do sujeito, será um *objeto-trauma* à diferença do objeto-casal. Nessa perspectiva, o conflito é então inevitável entre o ego e o objeto amoroso.

---

12 Rosenberg, B. (1991), *Masochisme gardien de la vie, masochisme mortifère*. PUF.

E quanto ao objeto-casal?

Como o objeto amoroso, tratar-se-á de um objeto (re)encontrado parcialmente criado. Com efeito, antes de ser uma realidade viva, percebida, o objeto-casal é, em primeiro lugar e historicamente, um objeto interno, fantasístico, direi até um duplo objeto fantasístico correspondente, por um lado, ao traço mnésico infantil do casal parental externo e, por outro lado, à fantasia sempre vívida de um casal parental onipotente, idealizado, o *objeto casal* conceitualizado por Roussillon (2008).

Esses dois objetos fantasísticos vão participar do trabalho de criação-construção de um casal na sua realidade grupal, constituindo então um objeto-casal, externo, que será introjetado no ego de cada parceiro. Ele se tornará assim um novo objeto interno estabelecendo relações de conflitualidade, por um lado, com o objeto externo, a realidade conjugal viva e evolutiva, e, por outro lado, com a representação mnésica infantil do casal parental real e do objeto casal idealizado. Relações de comparação e de avaliação estarão em ação, geradores de tensões no seio do ego de cada parceiro e entre os dois parceiros.

À diferença do objeto amoroso, parece-me que o objeto-casal é menos bipulsionalmente investido, e a natureza de seu investimento é sobretudo de natureza narcísica e homossexual sublimada.

Esses dois objetos do ego fazem parte assim de um trabalho, o da escolha de objeto e o da criação-construção de um casal, obra de Eros, de sua função objetalizante e do trabalho do ego de cada parceiro.

Diversos tipos de relações estão em ação entre o objeto amoroso e o objeto-casal.

Além das relações de natureza conflitual, podemos imaginar um papel estabilizador e antitraumático, para-excitante, desempenhado pelo objeto-casal com relação ao objeto amoroso, permitindo ao ego suportar, em especial, os efeitos desse objeto-trauma – a exemplo dos pais velando e acalmando a criança atormentada por seus objetos, externos e internos. Ele introduzirá uma relação triangular, assegurando um papel de terceiro protetor, superegóico.

Incidências desses dois objetos sobre a dinâmica e a economia do ego de cada parceiro e relações antagônicas entre trabalho de casal e trabalho individual

Esses dois novos objetos do ego de cada parceiro enriquecem seu ambiente objetal, externo e intrapsíquico, tendo uma função tão subjetivante quanto ligante e imbricante, portanto simbolizante, vão inevitavelmente desestabilizar sua economia e sua dinâmica, notadamente a estabilidade de sua rede de investimentos. Com efeito, com o encontro "traumático" e a criação desses dois objetos, o ego desestabilizado terá de suportar os aumentos de nível energético compatíveis com essas novas "criações-aquisições" que lhe impõem um controle aumentado e que vão solicitar sua função sintética, ou seja, sua capacidade de criar novas ligações entre o conjunto de suas correntes. Esses dois objetos deverão então ser integrados ao seio de sua rede de representações carregadas de afetos, suscitando assim relações conflituais entre objetos internos, e vão estimular tanto mais a atividade fantasística, os autoerotismos e seu masoquismo.

Isso será objeto de relações fortemente antagônicas entre o trabalho individual e o trabalho de casal de cada parceiro. Pois essa nova situação, amorosa e conjugal, força o ego a um duplo trabalho, por um lado, de adaptação e de proteção, com suas componentes econômicas e dinâmicas evocadas acima, o que é o objeto do trabalho individual, e, por outro lado, de recepção, de introjeção e de integração desses dois novos objetos no seio de seu mundo de objetos internos, realizado então pelo trabalho de casal.

Nessa perspectiva, a organização psicossexual do ego de cada parceiro, assim como os processos identificatórios com fins defensivos com relação a seus dois objetos específicos, e em especial o objeto amoroso, o mais traumático, serão necessariamente mobilizados.

Papel das identificações na organização do ego defensivo com relação a esses dois objetos

De antemão, recordemos que a identificação representa a defesa essencial contra a ausência do objeto real e, de uma maneira geral, contra a perda do objeto estruturante.

Freud evoca seu papel de limitação da agressividade. Trata-se aí de uma projeção do próprio narcisismo do sujeito que "se coloca no lugar" do objeto e o considera ele próprio como um outro.

Podemos igualmente sublinhar com P. Luquet[13] (2003) sua função de contenção pulsional ou inibidora do ego. É no próprio quadro de sua relação objetal que o ego encontrará o investimento das possibilidades de inibição de seus desejos. Assim, o ego pode utilizar diretamente o objeto amoroso para investir suas funções de inibição, quando o investirá como superego ou como ego auxiliar, mas pode igualmente servir-se de suas relações com imagos edipianas como apoio proibidor contra a utilização de suas pulsões.

O ego de cada parceiro poderá, por exemplo, investir seu objeto-casal com fins de inibição de seus desejos hostis dirigidos contra seu objeto amoroso, esse objeto-casal que ressoa com seu objeto-casal parental de funções protetoras e proibidoras.

O objeto-trabalho, objeto antagônico, a serviço do trabalho do indivíduo

Entre os múltiplos objetos de investimento dos dois parceiros conjugais constituindo seu ambiente objetal, há um que terá um grande

13 *Op. cit.*

papel na economia e na dinâmica da cada qual, pelo nível de seu investimento narcísico e homossexual sublimado, notadamente, com incidências importantes na qualidade de seu trabalho de casal. Trata-se do trabalho profissional e seu ambiente que eu designarei de *objeto-trabalho*.

Pode-se, com efeito, considerar a existência de relações, antagônicas e concorrenciais, entre esses três objetos, objeto amoroso, objeto-casal e objeto-trabalho. O que remete à conflitualidade primordial entre trabalho de casal, a serviço dos interesses do casal, e trabalho do indivíduo ou trabalho individual, a serviço dos interesses de cada parceiro.

O trabalho, enquanto pertencendo ao "mundo dos outros" no quadro da organização edipiana do estágio genital dos dois parceiros conjugais (Parat, 1967), é um objeto de investimento narcísico e homossexual sublimado, fonte de realização pessoal e de emancipação, em um registro narcísico e fálico, mas igualmente fonte de reativação de conflitos infantis e de angústias múltiplas correlatas.

Quais são suas incidências no parceiro, no casal, no *trabalho de casal*, em termos de economia e de dinâmica, individual e conjugal?

O trabalho, via sublimatória estruturante da identidade de todo sujeito, e suas condições sociais de exercício, manterá relações conflituais com os dois outros objetos, o objeto amoroso e o objeto-casal, a ponto de poder ameaçar e desestabilizar consideravelmente o equilíbrio econômico do sujeito, mas também a economia da vida amorosa e conjugal, e por conseguinte a economia e a dinâmica do trabalho de casal de cada qual.

Com efeito, a atividade profissional opera principalmente a serviço do trabalho individual e se opõe ao trabalho de casal.

Como o objeto amoroso e o objeto-casal, esse objeto-trabalho será ligante, imbricante, subjetivante e simbolizante.

Assim também será bipulsionalmente investido por Eros e pela pulsão de morte, de maneira diferente. Os investimentos de natureza anal e fálica serão particularmente marcados.

Contudo, o objeto-trabalho pode também ter um papel defensivo eficaz, mas também custoso, no plano econômico, com relação aos perigos que representam o objeto amoroso e o objeto-casal, perigos de natureza narcísica e objetal, em termos de dependência, de invasão, de intrusão e de separação. Seu investimento de natureza narcísica e homossexual permite ao ego de cada parceiro instaurar uma distância psíquica protetora, mas pode igualmente ser fonte de múltiplas satisfações, de natureza narcísica, pré-genital (sádico-anal e fálica), assim como representaria uma via de escoamento das pulsões de destruição, poupando assim parcialmente a circulação da heterodestrutividade no seio do casal.

Por outro lado, quando esse objeto-trabalho está sofrendo, fonte de feridas narcísicas, objeto que se torna perseguidor para o ego, notadamente, quando reativa as posições esquizoparanóides mais depressivas do sujeito, as repercussões no casal podem ser prejudiciais de diversas maneiras.

Em definitivo, é especialmente importante levar em consideração esses três objetos essenciais e concorrenciais do ego de todo sujeito e pensar suas incidências econômicas e dinâmicas na vida conjugal e as relações antagônicas entre o trabalho de casal e o trabalho individual.

3. O trabalho de casal no nível intersubjetivo: constituição de uma neurose intertransferencial

O trabalho de casal que se efetua nesse nível refere-se à dinâmica e à economia da relação intersubjetiva entre os dois parceiros. Esta consiste na conexão de seus sistemas de relações de objeto, bem como de seus complexos de Édipo e fraterno, mediante movimentos intertransferenciais constitutivos de uma neurose intertransferenciall. Esse trabalho de casal consiste igualmente em uma *conjugação flexível e variável* de suas diversas conflitualidades estruturais intrapsíquicas.

Vamos considerar de início os dois tipos fundamentais de ligações com o objeto coexistente no seio de todo casal: os sistemas de relações de objeto e as identificações. Depois, voltaremos à "organização edipiana do estágio genital" conceitualizada por Parat (1967), que sintetiza bastante bem as duas dimensões, dinâmica e econômica, da relação intersubjetiva entre os dois parceiros conjugais. O que vai nos ajudar a caracterizar certos aspectos do trabalho de casal em ação em cada qual.

Prosseguiremos pela investigação das principais conflitualidades estruturais que animam essa dinâmica conjugal. Por fim, descobriremos a neurose intertransferencial que constitui uma das dimensões essenciais de toda organização conjugal.

Sistemas de relações de objetos

Algumas considerações gerais

A relação de objeto é aquilo que une o sujeito à totalidade de seus objetos. Ela não é a relação objetiva. Com efeito, M. Bouvet e S. Viderman (1969) consideram que "toda relação com objetos reais é modelada, manejada em função de uma relação primária com imagens inconscientes (relação de objeto fantasística) e por conseguinte afetadas por um coeficiente de deformação que mede exatamente as necessidades da defesa projetiva do sujeito"[1].

A noção de relação de objeto descreve um investimento de objeto, portanto pertence ao campo pulsional, o que a situa em um *continuum* com a atividade representativa. Além disso, comporta uma dupla referência à realidade psíquica, por um lado, à realidade externa, por outro.

Em sua definição, Bouvet e Viderman mencionam o efeito da relação de objeto fantasística sobre as relações objetivas com outrem (desde que investido como objeto real), assim como um jogo contínuo que une o sujeito a seus objetos, reais e fantasísticos.

Além disso, M. Bouvet[2] (1956) avalia que a estrutura relacional é a consequência da ação combinada da regressão e a da fixação em estágios pré-genitais do desenvolvimento.

Assim, o estado regressivo do ego ou seu retorno a formas arcaicas, combinado aos movimentos regressivos e fixações das pulsões, têm por consequência a projeção narcísica que transforma o objeto

1 *Op. cit.*, "La relation d' objet", p. 390.

2 Bouvet, M. (1956), *La relation d' objet*. PUF, 2006.

do desejo em um ser semelhante ao sujeito. Ela não falta nunca, e a realidade tal como vivida pelo paciente é sempre uma realidade transformada.

Donde o imperativo para todo sujeito de estabelecer e de manter uma distância protetora entre ele e seus objetos reais e fantasísticos, por *manejos, procedimentos de adaptação*, mecanismos defensivos. Todavia, se a projeção não existisse nessas relações do sujeito com seus objetos importantes, ou seja, fortemente investidos, todas essas projeções seriam evidentemente inúteis.

Por sua vez, Green assinala e descreve, em *La folie privée*[3] (1990), uma relação de identificação narcísica que religa o ego e o Outro mediante suas mútuas projeções. Essa corrente projetiva se duplica em uma corrente introjetiva, o Outro alimentando-se das projeções do ego e vice-versa. O sujeito então não se livra jamais de sua projeção narcísica sobre o objeto.

O objeto é, aqui, um objeto formado sobre o modelo do narcisismo secundário, unificado, do sujeito: *o ego e o Outro estão em uma relação de duplicidade mútua, um é o duplo do Outro.* A função do duplo sendo a de ser simultaneamente Mesmo e Outro.

Ao passo que, no *Travail du négatif*[4] (1993), ele sublinha a estrutura binária das conexões na relação ego-Outro, comportanto dois grandes eixos: a bissexualidade (masculino-feminino) e o dualismo pulsional mediante o casal amor-ódio.

E quanto às relações entre transferência e relação de objeto?

A transferência atualiza os sistemas interiorizados de relações de objeto – em favor da ação combinada da regressão do ego e das pulsões

3 *Op. cit.*

4 *Op. cit.*

e da fixação a estágios pré-genitais do desenvolvimento –, no tratamento, como na relação amorosa e conjugal. Ela é ao mesmo tempo uma *repetição*, mas também algo além de uma pura repetição, a *criação de uma nova relação objetal.*

Se nos inspirarmos no tratamento individual e na sua produção artificial de uma neurose transferencial que atualiza a neurose infantil do analisando, podemos considerar que, mediante os movimentos intertransferenciais em ação entre os dois parceiros conjugais, que põem em ato seus sistemas interiorizados de relações de objeto, o casal favorece a constituição de uma neurose intertransferencial que repetiria a neurose infantil de cada parceiro posta em comum, o que lhe permitiria processar sua elaboração e /ou favoreceria igualmente certos pontos de fixação infantis. Todavia, uma nova relação objetal seria igualmente criada entre os dois parceiros. Desenvolveremos essa reflexão posteriormente.

Aspectos econômicos

Bouvet[5] (1956) representa as relações objetais como um escoamento de energia instintiva, movimento controlado e manejado pelo ego rumo a objetos externos, e admite variações não apenas quantitativas, mas também qualitativas nessa relação energética. Essas relações objetais são necessárias tanto dinâmica quanto economicamente para todo sujeito.

Green[6] (1993) sugere que o alvo essencial das pulsões de vida é assegurar *uma função objetalizante* cujo papel é não somente criar uma relação com o objeto (interno e externo), mas também transformar as estruturas em objeto. Ele abrange igualmente os modos de atividade psíquica, a ponto de afirmar que *é o próprio investimento*

5 *Op. cit.*
6 *Op. cit.*

de todas essas atividades que é objetalizado. Isso leva então a distinguir o objeto e a função objetalizante, onde evidentemente a ligação, acoplada ou não ao desligamento, entra em jogo.

Pelo contrário, o alvo da pulsão de morte é realizar o mais possível uma *função desobjetalizante* pelo desligamento. Aqui, não é apenas a relação com o objeto que é atacada, mas também todos os seus substitutos, até *o próprio fato do investimento, na medida em que sofreu o processo de objetalização.* Mas a manifestação própria à destrutividade da pulsão de morte é o desinvestimento.

Por sua vez, Grunberger[7] (1971) considera que a abordagem energética do mundo objetal se faz pelo aparelho sensorial movido pela motricidade, ela própria domínio da analidade.

A base energética de todo movimento pulsional e de toda relação objetal é a componente anal e o fator retenção é a base do controle anal e da motricidade. Donde a existência de uma componente anal em toda relação objetal. Além disso, o estabelecimento de relações objetais satisfatórias depende de uma boa maturação pulsional, processo cuja energia também é fornecida pela componente anal. É a analidade que assegura o controle do conjunto das pulsões, inclusive do erotismo anal.

Enfim, Rosenberg[8] (1991) põe em evidência o papel desempenhado pelo masoquismo em toda relação de objeto que ele torna possível.

Com efeito, toda relação de objeto é fonte de excitação pulsional. A fim de que uma excitação seja possível, e a excitação sexual em particular, um tempo de espera-adiamento, que é, ele próprio, da ordem da excitação e do desprazer, é necessariamente obrigatório. Ora, o desprazer só é possível pelo masoquismo, considerado em um sentido muito amplo como a capacidade do psiquismo de suportar

---

7 *Op. cit., Le narcissisme.*

8 *Op. cit.*

o desprazer. O masoquismo permite então a relativa não-satisfação, a não-descarga imediata (inerente a uma relação de objeto durável). Com efeito, é mais precisamente o núcleo masoquista do ego ou masoquismo erógeno primário que permite o investimento (a ligação) da excitação tornando-a aceitável. De outro modo, a excitação é um desprazer insuportável e finalmente impossível. Mas, assegurando a possibilidade da excitação, o masoquismo primário é o guardião da vida psíquica. Assim, a permanência do núcleo masoquista primário no ego garante a temporalidade-continuidade psíquica, assegurando o *continuum* da excitação. Em consequência, a apreciação do papel e do peso do núcleo masoquista erógeno primário, no coração da relação de objeto, se mostra essencial, em particular para pensar as condições de sua durabilidade.

Características das relações objetais pré-genitais e genitais

Bouvet[9] (1956) distingue três tipos fundamentais de relações objetais, oral, e sádico-anal, ditas pré-genitais, que se opõem às relações de objeto genitais que poderemos encontrar, segundo tempos e proporções variáveis, nesse nível intersubjetivo.

Já Grunberger (1971) insiste, em particular, sobre a oposição oral-anal, portanto sobre uma *pré-genitalidade ante a dinâmica dialética.*

Parece-me importante apresentá-las em sua diversidade e singularidade, a fim de tomar plenamente consciência da complexidade e da riqueza do trabalho de casal que está em ação no seio da relação intersubjetiva entre os dois parceiros conjugais.

De antemão, M. Bouvet assinala uma diferença essencial entre as relações de tipo pré-genital e as relações de tipo genital, a qual pode

9 *Op. cit.*

ser descrita segundo diversos pontos de vista, tanto o das relações entre a estabilidade da estrutura do ego e a posse ou a perda do objeto, quanto o do estilo de relações do sujeito e do objeto.

Assim, *a relação de objeto genital*, especificando a normalidade, leva em conta a realidade do objeto, o objeto total, percebido em sua alteridade.

A esse respeito, C. Parat (1967) sustenta que seu desenvolvimento necessita de "uma evolução libidinal livre de fixações arcaicas importantes, uma flexibilidade na utilização de mecanismos de defesa, uma adaptabilidade à realidade, e à realidade dos outros, uma mobilidade dos investimentos objetais e narcísicos, uma aptidão às identificações, o conjunto dessas qualidades contribuindo para criar o que M. Bouvet chamou de 'o halo genital' de uma personalidade. O acesso ao estágio genital vai de par com uma solidez da estruturação mental, a qual assegura uma certa liberdade para com os objetos investidos, no sentido de que os avatares relacionais com esses objetos não põem em causa a unidade do ego"[10].

Quanto aos pré-genitais, quer sejam orais ou anais, eles alimentam com seus objetos relações extremamente estreitas, não apenas porque essa relação lhes é indispensável, mas também porque a maturação imperfeita de suas pulsões lhes impõem isso. Fixadas por uma determinada parte, regredidas por uma outra, suas necessidades pulsionais se apresentam globalmente com a violência, a falta de nuance, o absoluto dos desejos e as emoções de toda criança pequena.

M. Bouvet sublinha a extrema variabilidade de seus sentimentos, que é explicável pela ambivalência sempre presente. Quanto à estabilidade de seus investimentos, ela se apresenta de modo diverso conforme o caso. Muito estáveis nos sádico-anais, os investimentos parecem, pelo contrário, de uma grande mobilidade nos orais. Para todos esses

10 *Op. cit.*, p. 754.

sujeitos, o objeto significativo não é senão um "objeto", ou seja, ele só é necessário na medida em que cumpre uma função, sem consideração pelo objeto em si e seus próprios sentimentos. Devido à regressão, as tendências afetivas positivas retomaram "sua forma" agressiva e destrutiva, e as relações do sujeito com objeto exprimem então todas as modalidades de um desejo de posse brutal, incondicional.

Algumas considerações sobre o trabalho identificatório e o metabolismo projeção-introjeção como componentes do trabalho de casal em ação no seio da relação intersubjetiva

Dados gerais

Freud definiu a identificação como *uma relação objetal*. Trata-se de uma relação entre sujeito e objeto, supondo então uma separação, reunidos por um movimento da libido. Contudo, a identificação suprime essa distância separadora entre o objeto (percebido ou representado) e o ego.

A identificação é também um *destino pulsional*, conservador do objeto em benefício do narcisismo, que evita a procura de um novo objeto, mas ao preço de uma regressão maciça.

Na medida em que o ego é constituído nas e por suas relações de objeto, a identificação se torna a defesa essencial contra a ausência do objeto real e, de uma maneira geral, contra a perda do objeto estruturante.

P. Luquet (1962-2003)[11] distingue precisamente a identificação que se produz no ego total ou "identificação total", correspondente à *assimilação* do que se produz em uma zona limítrofe da fronteira do ego ou extensão de uma zona fronteiriça limitada, correspondente à *incorporação imagóica*.

11 *Op. cit.*

Com efeito, se não existe obstáculo, a incorporação pode ser completa e a função do objeto é então *assumida* pelo ego reunido ao objeto. Este último se torna um constituinte do ego. Há uma sensação de fusão com o objeto em benefício do ego. Houve *assimilação*.

Em outros casos, o ego não se une em uma fusão completa com o objeto, o que é um progresso considerável quando o objeto é percebido como perigoso. Pode-se então falar de *inclusão* no ego, do objeto no ego.

Essas identificações vão assim desempenhar um papel importante na organização defensiva do ego de cada parceiro, donde a importância significativa da escolha do objeto amoroso com fins defensivos.

Algumas formas de identificações em ação no trabalho de casal de cada parceiro

Identificação primária

Essa identificação primária ou "identidade psíquica conjunta" (Luquet, 1962-2003) visa, para cada parceiro, a tornar-se um com o outro, em uma vivência fusional, indiferenciada, em que ser um ou outro não faz diferença. Ela procura reconstituir e reviver ou viver o que não pôde ser vivido no seio da unidade mãe-criança em um estado de completude narcísica. Esse processo identificatório primário participa da estruturação de todo casal quando da fase de "lua de mel" e contribuirá para manter a fantasia que estrutura sua realidade grupal traduzindo-se pelo *nós*.

Identificações adesiva e projetiva

Encontraremos nesse nível intersubjetivo a conjunção de processo de adesividade, por colagem ao parceiro, induzindo um certo sentimento de identidade ou de continuidade, e de identificação projetiva.

Bayle[12] (2012) especifica que é nas partes do ego do parceiro menos investidas em subjetivação que se fará a união com as emissões de identificação projetiva provenientes do outro parceiro.

Ele sublinha, além disso, que pode seguir-se uma perturbação identitária, narcísica, de origem qualitativa, frequentemente discreta. Trata-se de um mal-estar do parceiro, habitado por elementos psíquicos que não lhe pertencem.

Uma das consequências desses dois processos é um apagamento parcial dos limites psíquicos entre os dois parceiros.

Igualmente ativos são os processos de identificação introjetiva pelos quais o objeto amoroso é de início introjetado no ego que se identificará com algumas de suas características ou com todas estas, remetendo à "*assimilação* do objeto total" definida por Luquet.

Assim, o trabalho de casal realizado pelos dois parceiros consistirá nesses processos de identificações, mútuas e cruzadas, tanto adesivas e projetivas quanto introjetivas. Quanto ao metabolismo feito de projeções e de introjeções, ele será permanente, animando e alimentando a dinâmica e a economia conjugais.

A organização edipiana do estágio genital

Parece-me que a organização edipiana do estágio genital elaborada por Parat (1967) sintetiza, de uma maneira luminosa, a realidade econômica e dinâmica de toda organização dita heterossexuada, em sua dimensão intersubjetiva, embora integrando sua relação libidinal ao "mundo dos outros", portanto extraconjugal.

Por isso irei relembrar e desenvolver suas principais características, o que me ajudará a apreender tanto melhor as componentes dinâmicas e econômicas do trabalho de casal nesse nível intersubjetivo.

12 *Op. cit.*

Ela compreende uma dupla relação, heterossexual e homossexual, em um sistema a três, composto dos dois parceiros conjugais e do conjunto "dos outros".

A relação heterossexual permite a um homem e a uma mulher formar *um casal de estruturação edipiana*, sintetizando em uma mesma relação as três componentes, genital, terna e pré-genital.

A componente genital é constituída por "afetos genitais pulsionais atuais e reatualizados". Ela condiciona um desejo e um prazer genital compartilhados. É uma relação de tipo heterossexual, ou seja, em que tem um papel a valorização do investimento do outro sexo.

> *A componente terna resulta de pulsões sexuais e genitais sublimadas quando do declínio do complexo de Édipo e durante o período de latência. A essas correntes se reúnem correntes de amor de origem pré-edipiana, muito mais antiga, cuja raiz podemos encontrar na identificação a uma boa imagem materna.*
>
> *Cada parceiro conjugal, podendo sentir-se ao mesmo tempo como a criança e a boa mãe que a ama, aceita a primazia do narcisismo do outro*[13].

Quanto à componente pré-genital, ela comporta uma parte sexual não genital de desejo e de satisfação, ao mesmo tempo sob uma forma pulsional, o elemento erótico, e sob uma forma sublimada, o elemento narcísico.

Esse elemento erótico tenta encontrar e realizar prazeres e fantasias antigas, ao passo que o elemento narcísico realiza um superinvestimento do objeto amoroso, que corresponde a um deslocamento do narcisismo próprio, esse objeto amoroso se encontrando então

---

13 *Op. cit.*, p. 772.

confundido com os objetos internos do sujeito, que são então projetados no objeto escolhido.

A relação homossexual, que diz respeito ao conjunto "dos outros", exteriores ao casal, é igualmente composta de afetos sublimados e de afetos, em pequena parte, não sublimados.

Os elementos de identificação, muito importantes, fazem com que os outros, em seu conjunto, possam ser tratados como "um outro semelhante".

Paralelamente à formação de um verdadeiro superego interiorizado, no decurso do Édipo, o conjunto "dos outros" vai drenar uma dupla corrente libidinal, a saber:

- uma corrente de ódio, agressiva, herdeira direta do ódio edipiano que contribui para consolidar o investimento da realidade sob seu aspecto frustrante, limitante, e condiciona em parte os esforços de adaptação à sociedade e à realidade objetiva em geral;
- uma corrente identificatória que comporta movimentos projetivos superegóicos, afetos homossexuais (na maior parte sublimados) e afetos pré-genitais sublimados que encontram na vida social, profissional, ativa, esportiva etc., a ocasião de desenvolvimentos e de satisfações.

Entre "esses outros" que constituem a sociedade em face do casal e que não são investidos igualmente, Parat integra: os personagens de valor superegóico, os modelos, encarnação de um ideal do ego, os amigos e os filhos, aos quais acrescentaremos o universo profissional.

Ela sublinha, por um lado, o equilíbrio *móvel e vívido* e, por outro, a *fragilidade* dessa organização edipiana.

Nós prosseguiremos essa reflexão sobre a dinâmica e os destinos pulsionais dessa organização libidinal conjugal em nosso capítulo 6, consagrado à temporalidade das organizações conjugais.

Conflitualidades estruturais

Essas conflitualidades, individuais-intrapsíquicas, vão se tornar intersubjetivas e vão animar a dinâmica conjugal quando o trabalho de casal de cada qual as *conjugar* às do parceiro. Tratar-se-á, por um lado, de torná-las flexíveis e móveis o bastante e, por outro lado, de evitar desequilíbrios quantitativos entre os dois termos de cada qual. Em suma, será uma questão de criar para cada uma delas *um jogo, um jogo vivo e criativo.*

De quais conflitualidades se trata?

Lembremos aquelas que já tínhamos identificado em *Le couple et son histoire* (2011).

Eros/ pulsões de destruição, identidade / alteridade, narcisismo /objetalidade, identidade sexuada / bissexualidade, masculino / feminino, homossexualidade / heterossexualidade, pré-genitalidade / genitalidade, sexualidade / autoconservação, ego / objeto amoroso, ego / objeto casal, casal amoroso / casal parental, casal / família, casal privado / casal público. Examinarei algumas delas.

Eros / pulsões de destruição

Green (1993) aborda essa conflitualidade intrapsíquica, que se tornará intersubjetiva no seio do casal, através do antagonismo entre as funções objetalizante e desobjetalizante que já apresentamos.

Assim, diremos que o casal e o trabalho de casal serão objetalizados pelo Eros dos dois parceiros. Em contraste, a função desobjetalizante da pulsão de morte contribuirá, pelo desligamento e desinvestimento, a atacar o trabalho de casal de cada parceiro, conduzindo a seu fracasso, se a relação quantitativa for amplamente a seu favor; o que se manifestará por sofrimentos múltiplos, até mesmo por uma separação dos dois parceiros e pela consequente ruptura conjugal.

Identidade / alteridade

Essa conflitualidade remete à diferença primeira e primordial, a do ego e do não-ego, a do "Um" e do "Outro". Essa diferença irredutível e narcisicamente inaceitável coorganizará as conflitualidades estruturais de todos os casais, em sua dimensão intersubjetiva.

O sentimento de identidade é posto em perigo na vida conjugal e no seu trabalho identificatório na medida em que o parceiro, objeto e sujeito, por sua alteridade, reatualiza o fundo de alteridade do sujeito, portanto constitui uma ameaça de desorganização identitária, enquanto a identidade se constitui por seu apagamento. Ao mesmo tempo, a dimensão de sujeito é reforçada pelo parceiro e os processos de subjetivação e de simbolização, definidos por R. Roussillon[14] (2008), mostram-se muito importantes no funcionamento conjugal pois cada parceiro contribuirá para reforçar esse processo de subjetivação no outro, reconhecido enquanto sujeito. Contudo, por sua alteridade e seus movimentos identificatórios, notadamente pela identificação projetiva, ele vai também ameaçar sua identidade.

Narcisismo / objetalidade

Assim como a conflitualidade identidade / alteridade, o antagonismo narcisismo / objetalidade ocupa uma posição central no seio das relações dialéticas entre trabalho de casal e trabalho do indivíduo.

Afora seus aspectos tópico e dinâmico, essa conflitualidade é particularmente marcada por suas permanentes oscilações econômicas, no trabalho de casal de cada parceiro, entre os investimentos do objeto amoroso, do objeto-casal e os investimentos reparadores de seu ego, procedentes do trabalho individual.

---

14 *Op. cit.*

Pré-genitalidade / genitalidade

Sabemos que os elementos pré-genitais de ordem oral, anal e fálica se infiltram e se integram na genitalidade de toda vida individual e conjugal. Mas a genitalidade pode igualmente operar movimentos regressivos rumo a pontos de fixação pré-genitais, comuns e compartilhados pelos dois parceiros. Esses movimentos libidinais animam a vida erótica e não erótica dos casais. O mais importante é encontrar um equilíbrio dinâmico e econômico flexível e móvel, mas também satisfatório.

Contudo, em certas situações ou certos períodos da vida conjugal, podemos observar movimentos regressivos de um ou de ambos os parceiros rumo a pontos de fixação pré-genital que se congelam e perduram para tender rumo a um novo funcionamento libidinal com prevalência pré-genital.

Vou agora desenvolver mais profundamente as seguintes conflitualidades, que são particularmente interdependentes: identidade sexuada / bissexualidade psíquica, masculino / feminino e heterossexualidade / homossexualidade.

Identidade sexuada / bissexualidade psíquica

É essencial compreender, por um lado, o aspecto indissociável e conflitual, tanto no nível intrapsíquico quanto no nível intersubjetivo, entre identidade sexuada e bissexualidade psíquica, e, por outro lado, que a questão da bissexualidade psíquica se inscreve fundamentalmente na da diferença dos sexos.

Recordemos que há bissexualidade psíquica porque há incompletude de cada um dos sexos, sentida por um e pelo outro como castração. Ela é também ligada à renúncia ao gozo do outro sexo e se situa no cerne do advento do princípio de realidade.

Com efeito, é pela constituição da fantasia do outro sexo – aquele que não temos, mas que poderíamos imaginariamente ter, no triângulo edipiano – que a bissexualidade se organiza (Green[15], 1983). Ela integrará então a diferença dos sexos nas identificações introjetivas masculinas e femininas pós-edipianas.

Paralela e inversamente ao movimento evolutivo diferenciador pelo qual se afirma a identidade sexual, com o que ela confere de reasseguramento narcísico e de agravamento do sentimento de incompletude, existirá, segundo C. David[16] (1992), "um movimento bissexualizante" que tenderia à interiorização da diferença psicossexual sob a forma de uma acentuação dos esquemas complementares do outro sexo, presentes na psique de cada qual a título de potencialidade mais ou menos sensível para o despertar ou redespertar.

Enfim, David estima que a bissexualidade psíquica é uma potencialidade que desempenha um papel de mediador (mediação bissexual), em particular nas trocas intersubjetivas, sexuais e psicossexuais, mas que poderia também representar um obstáculo à circulação de fantasias e de investimentos, se a complementariedade que ela representa se hipertrofia em detrimento da sexualidade específica ou da psicossexualidade ligada ao sexo efetivo. O que poderia ter incidências negativas sobre o parceiro e a dinâmica conjugal.

E quanto à identidade sexuada ou identidade de gênero?

O núcleo da identidade de gênero é a convicção de que a designação de seu sexo foi anatômica e psicologicamente correta. R. Stoller[17] (1985) atribui à designação do sexo da criança pelos pais uma importância fundadora na identidade de gênero.

---

15 *Op. cit.*

16 David, C. (1992), *La bisexualité psychique*. Payot.

17 Stoller, R. (1985). *Masculin ou féminin*. PUF.

Quanto mais a certeza íntima de que a designação de sexo está solidamente fundada, mais o sujeito dispõe de uma liberdade potencial na expressão de suas qualidades de masculinidade e de feminilidade. Uma identidade sexuada clara autoriza, em princípio, uma implementação da bissexualidade psíquica, fonte de criatividade psíquica. Pelo contrário, a reivindicação da bissexualidade real dá testemunho de uma recusa da diferença dos sexos, na medida em que implica a falta do outro sexo. Ela pode ser posta em ato quando a identidade sexuada não está assegurada.

No seio do casal heterossexuado, todo um jogo será necessário entre a afirmação de sua identidade sexuada, seu reconhecimento como sua valorização pelo parceiro e o emprego de sua bissexualidade psíquica que favorece as mudanças de posições e de papéis em função das situações da vida conjugal por intermédio dos processos identificatórios que permitem oferecer satisfações fantasísticas. Pelo contrário, em certos casais, a afirmação de sua identidade sexuada pode ser um objeto de inveja, desvalorização, assim como a expressão de sua bissexualidade pode ser inibida, até mesmo reprimida. O que daria testemunho de um fracasso local do trabalho de casal no seio dessa organização conjugal.

Masculino / feminino

Esse casal psicossexual masculino / feminino se constitui quando da puberdade e designa uma verdadeira diferença, a dos sexos, objeto de um outro conflito, de início individual-intrapsíquico, depois intersubjetivo, que representará uma das maiores conflitualidades no curso da vida conjugal. O masculino do homem precisa ser confirmado e reforçado pela parceira, assim como o feminino da mulher requer uma confirmação por seu parceiro, ambos segundo diversas modalidades e em certas situações. Todavia, em certos momentos, a mulher pode precisar desempenhar um papel masculino, assim como o homem precisaria desempenhar um papel feminino no seio do casal, ou investir regressivamente um papel de criança diante de uma figura materna. O que a mulher pode aceitar ou recusar, até mesmo rejeitar como sendo desvalorizador para "seu" homem, mas também para ela que superinvestiria narcisicamente a masculinidade de seu parceiro que ela projetou nele. Tanto como o homem pode rejeitar o papel masculino desempenhado por sua parceira, que atacaria sua masculinidade, despertando uma angústia de castração, em particular. Assim, muitos "conflitos" conjugais e acusações são inerentes a essa conflitualidade masculino / feminino. O que é uma outra forma de expressão do fracasso do trabalho de casal nos dois parceiros.

Abordarei algumas diferenças psicológicas fundamentais de gênero, começando pelo papel da mãe como mensageira, pela castração do rapaz e pela espera da moça.

Evoquemos a esse respeito as reflexões de J. Schaeffer (1997).

Enquanto a mãe "diz ao menino que avança, com o pênis para frente: 'Cuidado, senão você vai se meter em confusão', para a menina ela dirá: 'Espere, você vai ver, um dia seu príncipe virá!'"[18] Contudo, a espera é excitação dolorosa, cujo investimento vai mobilizar seu masoquismo erógeno primário. A mãe vai não apenas determinar a qualidade da imbricação pulsional primária de sua criança, mas igualmente lhe permitir, por sua alternância entre presenças e ausências, organizar-se tanto fantasisticamente, pela alucinação de sua satisfação, quanto pelo autoerotismo. E esse laço entre erotismo e masoquismo erógeno primário terá um destino diferente no rapaz e na moça.

Assim, o rapaz, destinado a uma sexualidade de conquista, ou seja, de penetração, se organizará, mais frequentemente, *na atividade*

---

18 Schaeffer, J. (1997), *Le refus du féminin*. PUF, 2006, p. 172.

e no controle da espera, bem alicerçada em sua analidade e sua angústia de castração.

Quanto à moça, *ela é condenada à espera*: ela espera, a princípio, um pênis, depois seus seios, sua menstruação [O original diz: "ses 'règles'", entre aspas, o que faz uso da ambiguidade entre "sua menstruação" e "suas regras" (N.T.)], ela espera a penetração, depois um filho, depois o parto, etc. E não para de esperar. E como essas esperas não controláveis são, na maior parte, ligadas a experiências de perdas reais de partes dela própria ou de seus objetos – que ela não pode simbolizar, como o rapaz, em angústia de perda de um órgão –, bem como a perturbações de sua economia narcísica, é-lhe preciso a ancoragem de um sólido masoquismo erógeno primário.

Abordemos agora alguns objetos de investimentos diferenciados tais como a relação com o corpo, com a motricidade e com a linguagem, que encontramos diferenciada, frequentemente conflitual, no seio do casal.

Se o masculino é mostrado, exibido, portador do pênis, e o superinvestimento narcísico dos rapazes e dos homens é no seu pênis, o feminino é escondido e a erotização corporal é mais intensa. Com efeito, "é todo o seu corpo que as moças e as mulheres podem investir como 'saída fálica', agarrando-se ao reasseguramento do olhar do outro"[19].

Todavia, elas devem falar para provar e esconder ao mesmo tempo a existência de seu interior, assim como, diante de mais exigências de trabalho psíquico, elas devem ligar e exprimir pela fala mais afetos e experiências corporais em razão da intensidade do gozo sexual e das transformações que elas sentem. Podemos constatar nelas uma erotização do aparelho vocal. Donde *a maior facilidade observável nas moças e nas mulheres para colocar em palavras seus afetos.* Ao

19 *Ibid.*, p. 68.

passo que os rapazes, *investindo bem menos a expressão verbal, seriam compelidos a agir para mostrar sua virilidade e se manifestariam de modo preferencial no registro operatório de suas condutas.*

Poderíamos também diferenciar o masculino e o feminino pela natureza de suas angústias.

Assim, Freud sustentava que a ausência de angústia de castração nas meninas as expõe muito mais a angústias de perda da totalidade, da totalidade do ser mais que do totalidade do ter. Segundo ele, a perda de amor é, para a mulher, o equivalente da castração no homem.

Todavia, nós encontramos uma angústia comum, a de penetração e de feminino.

Schaeffer propõe nomear como "angústia de feminino" a "*angústia de penetração do ego e do corpo por um estranho*, portador da invasão nutridora da pressão pulsional constante"[20].

Nos rapazes, a angústia de feminino pode tomar a forma de uma angústia de penetração homossexual pelo pênis do pai, o que Freud designa como "recusa do feminino". Essa "recusa do feminino" pelo homem é ao mesmo tempo uma defesa contra a identificação ao feminino=castrado, mas igualmente uma defesa contra a angústia de penetrar a mulher segundo a motricidade da pressão constante.

Nas meninas, essa angústia de feminino pode constituir uma "recusa do feminino", por apego à inveja do pênis. Mas pode igualmente ser a promessa de uma capacidade para a abertura ao "feminino".

> *É à luz dessa angústia pelo seu feminino que as meninas e as mulheres recorrem à "feminilidade" [...], ou seja, à feminilidade superficial [...], a dos vestidos, joias, saltos, perfumes, maquiagens destinadas a não enviar ao homem uma imagem de mulher castrada, suscetível de lhes despertar a*

20 *Ibid.*, p. 67.

angústia de castração [...]. A ênfase é, pois, colocada sobre o visível, sobre o modo fetichista, para dissimular ou negar a falta do pênis... da mulher... para o homem[21].

Todas as angústias são reativadas no seio da vida conjugal, seja na vida erótica ou em outros setores.

Nós nos deteremos aqui para considerar uma última conflitualidade, a que opõe as duas correntes de investimento erótico, heterossexual e homossexual.

Heterossexualidade / homossexualidade

Recordemos que Freud (1920) considerava que os indivíduos normais apresentam, ao lado de sua heterossexualidade manifesta, uma proporção bem considerável de homossexualidade latente ou inconsciente. Além disso, "nossa libido equilibra-se normalmente, ao longo da vida, entre o objeto masculino e o objeto feminino"[22].

Essa conflitualidade inerente aos anseios bissexuais é onipresente em todo sujeito e no seio do casal, enquanto dois modos de investimento, antagônicos e complementares, do objeto amoroso, mas também enquanto fonte de conflitos ou de clivagem entre o investimento heterossexual, prevalente e exclusivo no seio do casal heterossexuado e o investimento homossexual que se supõe dirigido exclusivamente no exterior do casal, como o defende Parat (1967).

De fato, existem múltiplas vias potenciais pelas quais essa corrente libidinal homossexual pode infiltrar-se e integrar-se tanto na estrutura psicossexual na vida adulta de todo sujeito, quanto na vida amorosa e conjugal. Acompanhemos as reflexões de Parat, Fain e Lemaire.

---

21 *Ibid.*, p. 68.

22 Freud, S. (1920), "De la psychogenèse d'un cas d'homosexualité féminine", *OCF.P, XV, 1916-1920*. PUF, 1996, p. 247.

Se Parat (1967) defende que a corrente homossexual da organização edipiana, essencialmente sublimada, seria dirigida a objetos exteriores ao casal, enquanto uma pequena parte investiria o parceiro conjugal, Fain (1967) avalia que a vida harmoniosa de um casal permite a integração da libido homossexual, indo para além, pois, das satisfações bissexuais.

Ele parte da constatação da ferida narcísica inerente ao Édipo negativo. Com efeito, o adulto confrontado a seu conflito edipiano invertido revive sempre uma certa ferida narcísica e permanece, em uma certa medida, idêntico à criança edipiana indefesa, contrariamente ao que ocorre após o conflito edipiano positivo, que pode ser reparado, entre outras coisas, graças à maturação somática. Todavia, na vida de casal, seu parceiro lhe oferecerá possibilidades de identificação de tipo histérico, e representará assim "a possibilidade potencial de ter verdadeiramente relações sexuais com alguém do mesmo sexo"[23]. É por isso que ele afirma que somente a vida em casal pode permitir a integração da libido homossexual dos parceiros. Ele especifica, além disso, que o fato mais importante não é a satisfação, mas a integração, ou seja, "o sentimento de aptidão à satisfação, comportando a inclusão do sexo do parceiro nos limites do próprio ego"[24].

Além disso, esse laço, que é ao mesmo tempo narcísico e não dessexualizado, é um dos raros elementos que condicionam de maneira durável a união de um casal.

Enfim, Lemaire (1979) estima que um lugar muito importante deve ser atribuído à satisfação dessa corrente libidinal homossexual de cada um dos parceiros no seio do casal, o que pode entrar em conflito e em competição com sua corrente heterossexual.

---

23 Fain. M. (1967). *Op. cit.*, Intervention sur le rapport de C. Parat, p. 822.

24 *Ibid.*

Notemos desde logo que a coidentificação mútua e a escolha do objeto narcísico são facilitadas pela importância da corrente homossexual em cada um dos parceiros.

E, como o sublinha Parat, sendo predominante nas relações de amizade e profissionais, notadamente, essa corrente homossexual vai, pois, favorecer a instauração dessa dimensão relacional, de natureza amical, no seio do casal, mobilizando assim a bissexualidade psíquica dos dois parceiros, o que nos leva a considerar, em cada parceiro, uma dupla corrente homossexual, masculina e feminina.

Assim, os dois parceiros de um casal heterossexuado podem desempenhar o papel de dois "amigos", ou de dois irmãos que veem juntos um jogo de futebol na televisão, ou de duas "amigas", até mesmo de duas irmãs que vão às compras juntas.

A homossexualidade masculina e feminina de cada qual será então mobilizada e investida nessas situações banais de sua vida cotidiana. Isso contribui para a diversidade dos papéis desempenhados por cada qual no seio do casal, e para extensão dos registros, comuns e partilhados, da vida conjugal, dando testemunho de uma flexibilidade psíquica dos dois protagonistas, de seu casal, mas também de uma riqueza fantasística e comportamental do casal. Tudo isso atesta um trabalho de casal satisfatório nos dois parceiros.

Quando essa componente homossexual é relativamente pouco investida no funcionamento do casal, isso se traduzirá por uma dimensão amical pobre entre os parceiros; o que se observa às vezes em certos casais conflituais, onde só a componente heterossexual parece manter provisoriamente a coesão do casal.

Em outros casais existiria uma clivagem entre as duas correntes, homossexual e heterossexual, de cada parceiro: a corrente heterossexual define sozinha a escolha do cônjuge e se satisfaz quase exclusivamente na vida erótica com seu parceiro, enquanto que a corrente homossexual busca e investe objetos e atividades fora do parceiro e do casal, estabelecendo em particular amizades no exterior. Donde a relativa pobreza psíquica dessas organizações conjugais, dando assim testemunho de uma outra forma de fracasso de seu trabalho de casal.

Seria preciso explorar determinantes individuais-intrapsíquicas de ordem defensiva, mas também determinantes de ordem sociocultural; certas sociedades favorecem e reforçam essas clivagens defensivas, em particular masculinas.

No plano defensivo, evoquemos a necessidade de certos sujeitos, em sua relação com o parceiro, de ignorarem ou de deixar o outro ignorar a importância de sua corrente homossexual, vivida como perigosa. Assim, a organização de seu casal heterossexual deverá impor uma tal distribuição de papéis de modo que cada parceiro seja encarregado de confirmar a verdadeira heterossexualidade do outro e de manter recalcada a corrente homossexual latente, mas vivaz, que se satisfará então no exterior do casal.

Contudo, a pregnância considerável da corrente de investimento homossexual, inibida quanto à meta, no seio do casal, pode também exprimir-se mediante o apego terno e pouco erotizado dos dois parceiros, que se acompanhará de uma limitação importante de sua vida erótica, que se tornará algo secundária e que contribuirá para a durabilidade da relação conjugal, como reparou Fain.

Vamos parar por aqui nossas reflexões sobre essa conflitualidade, para relembrar que todas estas que evoquei são interdependentes e constituem uma componente dinâmica central nesse nível intersubjetivo.

Agora é tempo de abordarmos a neurose intertransferencial.

Elementos para compreender o casal enquanto organização tópica, dinâmica e econômica parcialmente constitutiva de uma neurose intertransferencial

Já sabemos que a prática da psicanálise põe em relação a neurose de transferência e a neurose infantil.

Com efeito, no seio do tratamento analítico, M. Neyraut (1974) define a neurose de transferência como "a organização de uma neurose artificial centrada no próprio tratamento assim como no analista, e reagrupando todas as manifestações transferenciais"[25].

Por sua vez, S. Lebovici[26] (1980) estabelece e desenvolve a hipótese de que a neurose de transferência permite a reconstituição da neurose infantil, ambas formando uma unidade.

Acompanhemos seu desenvolvimento a partir da neurose de transferência, e em seguida a neurose infantil, para chegar a sua concepção da unidade neurose infantil-neurose de transferência. Isso nos ajudará a conceber uma das dimensões da organização conjugal enquanto neurose intertransferencial, reativando e permitindo a reconstituição da neurose infantil de seus dois parceiros, a partir do trabalho de interpretação dos conflitos infantis reatualizados na intertransferência.

Antes de mais nada, *a neurose de transferência* organiza a interação paciente-analista assim como o fez a neurose infantil entre a criança e seu ambiente familiar. Organizada em um modo conflitual, ela se constrói e floresce no seio da situação analítica, em particular a partir de transferências relacionais. O que é transferido são os conflitos infantis inconscientes, seu modo de organização, e as fantasias inconscientes podem se revelar ali. Poderemos então falar de neurose de transferência para evocar uma situação experimental em que voltam a se exprimir os conflitos inconscientes da neurose infantil.

Por conseguinte, a neurose de transferência representa o modelo que dá um sentido às transferências e às manifestações neuróticas da transferência, e que encontra sua raiz na *neurose infantil* que ela

---

25 Neyraut, M. (1974). *Le transfert*. PUF, 2008, p. 239.

26 Lebovici, S. (1980). L'expérience du psychanalyste chez l'enfant et chez l'adulte devant le modèle de la névrose infantile et la névrose de transfert. *Revue Française de Psychanalyse*, 44, 5-6.

permite reconstituir. Ela é assim um dos efeitos do *après-coup* organizando as consequências da neurose infantil.

Quanto à *neurose infantil*, dissimulada pela amnésia infantil, ela pode ser definida como um momento de organização e como um modelo que reproduzirá a neurose de transferência. Se for preciso situá-la no tempo, S. Lebovici considera que ela é a tradução da sexualidade infantil reorganizada pelas posições fálicas e pelo "formidável investimento do pênis", mas também a precursora da eventual neurose clínica da criança que começa antes e durante o período de latência. Descrita como uma organização histérica, ela traduz, no plano evolutivo, o salto que leva da organização autoerótica a uma sexualidade que vai submeter-se ao primado do genital e à fantasia inconsciente de castração, com potencialidade neurotizante.

"Resíduo do desenvolvimento, processo da sexualidade infantil, complexo de Édipo em germe"[27], ela seria uma pré-neurose e a forma do complexo de Édipo da criança, afirma Lebovici.

O après-coup *que une a neurose de transferência à neurose infantil* é o processo de sexualização da relação transferencial.

> *Assim, aquilo que se repete não toma seu valor senão dentro da situação ligada à neurose de transferência, que faz advir um passado para lhe dar um sentido. Não há apenas superposição e adequação entre a neurose infantil e a neurose de transferência. Esta última reconstrói aquela; ela a significa em uma revelação que mostra que, tecnicamente, não basta analisar o hic et nunc das relações transferenciais, reprodutoras das relações objetais passadas; convém que essas relações tomem um sentido como no passado*[28].

27 *Ibid.*, p. 819.

28 *Ibid.*, p. 832.

E quanto à neurose intertransferencial no seio do casal?

Na esteira dos trabalhos de Freud, Neyraut e Lebovici, em particular, se considerarmos que o casal favorece diferentes modalidades de regressão em cada parceiro, tanto do ego quanto da libido, permitindo, mediante seus movimentos intertransferenciais, reproduzir, atualizar entre os dois, seus sistemas de relações de objetos passados, assim como certos conflitos infantis, podemos então considerar que o casal constitui uma organização tópica, dinâmica e econômica comportando uma dimensão de neurose intertransferencial fortemente marcada. Eu especifico que é "uma dimensão fortemente marcada", pois a organização conjugal comporta igualmente aspectos novos que não fazem parte, pois, da repetição ou da neurose intertransferencial.

Assim, do mesmo modo como no nível individual a neurose organiza a interação paciente-analista, diremos que, no seio do casal, a neurose intertransferencial contribui para organizar a dinâmica e a economia interacionais entre os dois parceiros. Ela se constrói e floresce a partir de movimentos intertransferenciais, e o que é transferido são seus conflitos infantis, seu modo de organização, suas relações objetais e a expressão de suas fantasias inconscientes.

Tratar-se-á notadamente de seus conflitos edipianos – com seu cortejo de relações de objeto, fantasias, afetos, investimentos e processos identificatórios em relações com seus objetos internos, paterno e materno –, mas também de seu complexo fraterno, com sua constelação de relações de objeto, de afetos (amor, sedução, ternura, ódio, inveja, ciúmes e rivalidade com uma figura fraterna), de investimentos (narcísico e homossexual, notadamente), de fantasias e de processos identificatórios, sobretudo de natureza narcísica.

Mediante sua dimensão de neurose intertransferencial, a organização conjugal constitui também uma "situação experimental", específica, caracterizada pela reatualização intertransferencial de conflitos inconscientes, e de relações objetais correlatas, da neurose infantil dos dois parceiros que eles põem em comum. Ela se manifesta então por diversas expressões clínicas na vida cotidiana dos casais, algumas das quais serão objetos de conflitos, sofrimentos, queixas e acusações.

Contudo, a situação analisante com um casal tornará possível e favorecerá a expressão de certos aspectos clínicos da neurose intertransferencial. Seu rastreamento pelo analista e o trabalho interpretativo permitirão, por um lado, reconstituir certos fragmentos da neurose infantil da cada parceiro que eles puseram em comum e compartilharam e, por outro lado, produzir e revelar, no *après-coup* do trabalho analítico, um sentido para seus conflitos e relações objetais, como no passado. Isso tem implicações notáveis tanto na compreensão metapsicológica da construção dos casais, quanto no trabalho com os casais e seus benefícios.

4. O trabalho de casal no nível grupal

Como construir e fazer viver uma realidade conjugal, comum e compartilhada?

Vou explorar seus diferentes aspectos e modalidades após ter apresentado o que avalio constituir o essencial das contribuições tão preciosas de dois grupanalistas que me inspiraram profundamente: Didier Anzieu e René Kaës.

Algumas reflexões preliminares

A experiência do grupo, notadamente conjugal, investida e representada como meio e lugar de reencontro da fusão feto-materna e, mais tarde, da unidade simbiótica mãe-criança, é de *natureza narcísica*.

Com efeito, o grupo é uma figuração de um conjunto originário que remete por regressão à experiência da cesura inicial, aquela do nascimento e da descontinuidade entre os espaços psíquicos dos sujeitos. O grupo e os laços que o fabricam são a princípio uma negação da negatividade dessa cesura (Kaës[1], 2009).

---

1 *Op. cit.*, *Les alliances inconscientes.*

Além, disso, *a experiência da ilusão* é a condição prévia, ou melhor, coextensiva, de todo laço, e ao mesmo tempo ela não existe fora de um laço. O caráter grupal dessa ilusão se deve ao fato de ela ser uma ilusão comum, compartilhada e mantida pelo grupo, para fazer grupo, e se vivenciarem mutuamente como bons.

Anzieu e o grupo

Principais características dos grupos

Um grupo é um envelope que mantém os indivíduos juntos.

Por sua face interna, esse envelope grupal permite o estabelecimento de um estado psíquico transindividual que Anzieu[2] (1975) propõe chamar um *Self de grupo* que é imaginário e que funda a realidade imaginária dos grupos. Esse envelope grupal se constitui no próprio movimento da projeção que os indivíduos fazem de suas fantasias, de seus imagos, de sua tópica subjetiva constituída pela articulação de suas instâncias psíquicas.

Com efeito, seguindo Anzieu, *todo grupo humano resulta de uma tópica subjetiva projetada sobre ele pelas pessoas que o compõem.* Ele é, pois, um suporte proteiforme para todas as instâncias da tópica subjetiva.

O grupo é também um continente de pulsões, de representantes-afetos e de representantes-representações, um lugar de fomento e de compartilhamento de fantasias e de angústias que circulam entre os participantes.

Os grupos não são compostos senão por indivíduos e lidam com os mesmos materiais e os mesmos processos que aqueles tratados pelo aparelho psíquico individual, mas esse material, esses processos,

2 *Op. cit., Le groupe et l'inconscient.*

se combinam segundo organizações que culminam em produções, das quais algumas são específicas da vida grupal.

O inconsciente é então apreendido nos grupos como uma realidade não mais intra-, e sim inter- e transindividual.

Aspectos dinâmicos e econômicos

A situação de grupo faz os indivíduos regredirem às posições esquizoparanóide e depressiva.

Em um primeiro momento, a imagem comum do grupo é a do *corpo despedaçado*, e então, após a ter superado, o sentimento do "nós" aparece e o grupo nasce, como *corpo vivo* do qual cada um se reconhece membro. Esse grupo, transformado em um corpo inteiro e unitário, do qual cada um se sente fazendo parte, representa um bom objeto, libidinalmente investido, o seio bom introjetado.

O grupo se torna assim, para seus membros, um objeto transicional comum, que é para cada qual simultaneamente realidade exterior e substituto, ou melhor, simulacro do seio bom. Isso traz ao indivíduo a presença de um campo neutro entre a realidade exterior e a realidade interior, campo de ilusão.

Se a ilusão grupal permite a constituição do ser do grupo como objeto transicional, *as fantasias de quebra* cumprem uma função unificadora, propondo aos membros de um grupo um denominador comum para as angústias pessoais de natureza diferente.

Assim, o casal antagônico *ilusão grupal – fantasias de quebra* constitui o recurso dialético fundamental da vida inconsciente dos grupos.

Além disso, *em um grupo, como no sonho, o aparelho psíquico sofre uma tripla regressão: temporal, tópica, formal.*

A situação de grupo produz com efeito uma regressão temporal não apenas ao narcisismo secundário e ao autoerotismo, mas até mesmo ao narcisismo primário.

No plano tópico, as duas instâncias mestras do aparelho são o id e o ego ideal, este último buscando realizar a fusão com o seio e a restauração introjetiva desse primeiro objeto de amor perdido. O grupo se tornar para os membros o substituto desse objeto perdido, como já formulamos.

Quanto à regressão formal, ela se observa no recurso a modos de expressão do processo primário, ou muito próximos dele, como o pensamento figurativo, as introjeções ou ainda as manifestações não verbais, como os gestos, olhares, sorrisos, posturas, mímicas.

Observa-se igualmente uma regressão no domínio espaço-temporal.

O espaço imaginário do grupo seria a projeção do corpo fantasiado da mãe, com seus órgãos internos, entre eles o falo e as crianças-fezes.

O tempo sofre igualmente uma regressão: ele não é mais cronológico, sua irreversibilidade é abolida, abrindo espaço tanto à regressão e ao eterno retorno, quanto à fantasiação [*fantasmatisation*] do retorno às origens e de um recomeço. A categoria espaço-temporal própria ao grupo vivenciado é aquela de alhures.

Enfim, se os indivíduos têm um sexo, o grupo não o tem, é uma realidade psíquica anterior à diferença dos sexos. Existe uma tendência natural em todo grupo a nivelar a diferença de sexo entre seus membros.

Estamos lidando com *identificações narcísicas* dos membros entre eles com sua participação fusional no seio todo-poderoso e autossuficiente da mãe, vivenciado como como objeto parcial.

Por conseguinte, os investimentos narcísicos e homossexuais sublimados inconscientes são ali mais fortes e apresentam a vantagem de constituir uma boa defesa contra a agressividade potencial entre os membros. Ademais, os indivíduos exigem, dos grupos naturais dos quais fazem parte, uma *segurança narcísica de base.*

Distinção de dois níveis, o da estrutura e o da organização

Uma instância psíquica comum aos aparelhos individuais vai estruturar um *aparelho grupal* que possibilita a produção de organizações fantasísticas.

Essa instância comum e dominante servirá de envelope, de "eu-pele", ao aparelho psíquico grupal, assegurando-lhe assim sua unidade, sua continuidade, sua integridade, sua diferenciação periférica do interno e do externo.

Assim, o superego de um dos participantes de um grupo pode entrar em ressonância, em conluio, com o superego dos outros membros. Por sua imposição de normas e de regras, o grupo propiciará uma satisfação às esperas e exigências superegóicas de cada um e encontrará sua coesão nos sentimentos de culpa.

Além disso, sofrendo da falta de um corpo real, *o aparelho psíquico grupal procura dotar-se de um corpo imaginário.* Assim também, as metáforas do grupo, como "corpo" e os indivíduos que fazem parte dele como "membros" visam, entre outras coisas, a realizar esse desejo do *Self do grupo* de encontrar sua morada em um organismo vivo.

Esse agenciamento tópico que estrutura o aparelho grupal se manifesta essencialmente sob a forma de uma circulação fantasística entre os membros do grupo.

No que ela consiste?

Anzieu nos lembra que as relações entre os seres humanos se ordenam em torno de dois grandes polos, a fantasia e a técnica, ou seja, entre os processos primário e secundário.

Desde que existe um grupo, *uma fantasística circula entre os membros pelo fato da comunicação direta de seus inconscientes.* Ela os une, tanto em sua coesão ativa quanto em sua angústia coletiva. A disparidade entre suas fantasias pode provocar a desunião do grupo, ao passo que sua convergência e sua elaboração unificante podem dar nascimento a uma ideologia, até mesmo a uma mitologia, uma e outra defensivas e próprias desse grupo, ou colocar à sua disposição a energia para realizar suas atividades.

Cinco organizadores psíquicos inconscientes do grupo

A fantasia individual

A *fantasiação* no aparelho psíquico se encontra especialmente estimulada entre duas ou três pessoas pelo amor ou por uma profunda amizade.

Em uma certa situação grupal, certos membros servem a outros tanto como marcos identificatórios quanto como suportes projetivos para sua tópica subjetiva e suas pulsões. Isso fundaria a possibilidade do fenômeno da *ressonância fantasística* que é o reagrupamento de certos participantes em torno daquele dentre eles que fez ver ou escutar, através de seus atos, de sua maneira de ser ou de suas palavras, uma de suas fantasias individuais inconscientes.

Esse indivíduo qualificado corretamente como central é então posto em posição de ser o ego do grupo.

A imago

A imago emerge como um dos organizadores manifestos do grupo quando a estrutura latente do aparelho grupal é marcada pela predominância de uma das instâncias do aparelho psíquico individual: ideal do ego, ego ideal, superego.

As fantasias originárias

Anzieu oferece alguns exemplos dessas fantasias originárias em situação de grupo:

- a fantasia intrauterina seria assim representada pelo espaço imaginário do grupo e pela exploração simbólica da imagem do interior do corpo da mãe;
- a fantasia de sedução seria ativada pelas formas de acoplamento no seio do grupo;
- a fantasia da cena primitiva seria evocada na situação a três que permitiria todas as permutações possíveis dessa fantasia;
- enquanto a fantasia de castração se reencontraria nas fantasias de quebra associando angústia fálica de castração e angústia oral de separação dos seio e os temas de enfermidade e de impotência, por exemplo.

Enfim o complexo de Édipo e o envelope psíquico do aparelho grupal

Esses cinco organizadores, presentes em todos os grupos, são independentes quanto à sua natureza e interdependentes quanto a seu funcionamento. Geralmente um deles prevalece, mas o papel complementar, antagônico ou reprimido dos outros, deve ser observado.

Princípios do funcionamento psíquico do aparelho grupal

Anzieu avalia que o imaginário grupal, na medida em que não é idêntico ao imaginário individual, decorre de três princípios de funcionamento psíquico próprios ao aparelho grupal.

Um princípio de indiferenciação do indivíduo e do grupo (tendência à isomorfia) faz com que todo grupo tenda a uma *individualidade externa* – pela qual ele se distingue de outros grupos.

Um princípio de autossuficiência do grupo com relação à realidade psíquica e social.

Enfim, um princípio de delimitação entre um dentro do grupo e o fora.

René Kaës, o modelo do aparelho psíquico grupal e as alianças inconscientes

O aparelho psíquico grupal

Kaës (2015) defende que "o grupo é o lugar da conjunção interferente de três espaços da realidade psíquica: o do grupo enquanto entidade específica, o dos laços intersubjetivos que se formam ali, o do sujeito singular enquanto é membro do grupo e inicialmente constituído como sujeito do grupo"[3].

À diferença do modelo proposto por D. Anzieu, o modelo do aparelho psíquico grupal de R. Kaës não qualifica apenas o espaço psíquico próprio do grupo, mas cada um dos três espaços da realidade psíquica dos quais o grupo se compõe. Ele não é a extrapolação do aparelho psíquico individual, mas possui sua própria organização e seu próprio funcionamento.

Assim, o espaço psíquico do grupo se caracteriza pelo "comum" e pelo "compartilhado", que Kaës define da seguinte forma:

> *O "comum" é a substância psíquica que une os membros de um conjunto, qualquer que seja a configuração: uma família, um casal ou um grupo. São ou se tornam comuns: uma fantasia, um sonho, um desejo, identificações, ideais, significantes, uma ilusão, alianças inconscientes.*
>
> *Ele exige o abandono ou a perda dos limites individuais dos sujeitos no laço, uma certa indiferenciação, mas também é a matéria psíquica de base necessária para que emerja o sujeito em sua singularidade. Não há laço nem de grupo, nem de família, nem de casal sem essas formações e esses processos psíquicos comuns. Eu nomeio*

---

3 Kaës, R. (2015). *L'extension de la psychanalyse*. Dunod, p. VIII.

> *alguns: a mentalidade e a cultura de grupo, a matriz grupal, a ilusão grupal, as alianças inconscientes, as cadeias associativas grupais, as fantasias e os espaços oníricos comuns e compartilhados, etc.*[4]

Já o "'compartilhado'" corresponde à *parte* que toma cada sujeito ou ao lugar próprio e complementar que ele ocupa em uma fantasia, uma aliança, um contrato, um sistema defensivo comuns aos sujeitos de um laço"[5].

Esse aparelho realiza um trabalho específico cuja função é ligar, afinar, aparelhar e transformar certas formações e certos processos que provêm dos espaços psíquicos dos sujeitos que, por meio desse trabalho, tornam-se membros do grupo.

> *Ele é uma estrutura independente das psiques que ele reúne em um arranjo combinatório segundo suas leis próprias, mas é também uma construção interiorizada pelos membros do grupo*[6].

O aparelho psíquico grupal é a estrutura e o processo que presidem a afinação específica dos grupos internos dos membros do grupo e a aparelhagem da sua tópica, da sua economia e da sua dinâmica psíquicas.

Que são esses grupos internos?

São não apenas objetos internos inconscientes, mas configurações de objetos, de sistemas de objetos associados por laços internos. Eles manifestam uma propriedade geral da matéria psíquica, a da grupalidade psíquica, ou seja, a de poder ser associada ou dissociada, agregada ou desagregada.

---

4 *Ibid.*, p. 69.

5 *Ibid.*

6 *Ibid.*, p. 126.

Donde a ideia de Kaës de que o inconsciente e o espaço psíquico são a princípio estruturados como um grupo.

Ele distingue duas categorias de grupos internos:

- os grupos psíquicos originários e seus frutos, tais como as fantasias originárias, os complexos fraternos e edipianos, as imagens do corpo próprio, as relações interinstanciais da segunda tópica;
- os grupos psíquicos construídos pela introjeção dos laços primários e pelas configurações de objetos internos obtidos pelas diferentes modalidades de identificações, notadamente pela introjeção das relações interpessoais: a família interna, por exemplo.

Essa aparelhagem das psiques dos membros de um grupo requer algumas exigências de trabalho psíquico, de processos de aparelhagem, de organizadores psíquicos e socioculturais.

Enfim, ele comporta três polos:

- o polo isomórfico corresponde à formação de um espaço psíquico comum e indiferenciado. Há então a identidade do espaço psíquico grupal e do espaço psíquico individual;
- o polo homeomórfico se caracteriza pela diferenciação entre os espaços individuais e aquele do grupo, entre o grupo interno e o grupo externo, mas também entre os próprios sujeitos membros do grupo;
- um campo instável oscila entre esses dois polos, resultado da instabilidade caótica da afinação das psiques.

Enfim, Kaës sublinha que seu modelo de aparelho psíquico grupal "descreve o trabalho psíquico de criação, de manutenção e de transformação dos processos, das funções e das formações psíquicas comuns aos membros do grupo"[7].

7 *Ibid.*, p. 138.

A noção de aliança inconsciente

Quaisquer que sejam seus fundamento, função e finalidade, Kaës (2009) sustenta que "as alianças inconscientes realizam os laços, todos os laços, intersubjetivos, transubjetivos e sociais, tanto os que ligam as gerações entre elas quanto os que ligam os contemporâneos entre eles"[8]. Elas se transmitem de uma geração a outra, com ou sem transformação, e produzem seus efeitos para além dos sujeitos, das circunstâncias e do momento que as fabricaram.

> *Em todas as configurações de laço – os grupos e as famílias, os casais e as instituições –, as alianças inconscientes são consumadas por uma selagem dos inconscientes dos sujeitos levados a produzi-las. É sobre essas alianças que são moldadas, por um lado, a realidade psíquica nos laços e, por outro, a realidade psíquica inconsciente dos sujeitos do laço*[9].

Contudo, a fim de se constituir e se manter, elas impõem aos sujeitos um *trabalho psíquico* que comportará notadamente processos identificatórios, investimentos pulsionais, e colocação em jogo de fantasias inconscientes como organizadores do laço, mas também operações defensivas de diversas ordens.

Ele identifica quatro grandes tipos de alianças inconscientes:

1. As **alianças estruturantes, primárias**, como *o contrato narcísico*, e **secundárias**, cujas funções são necessárias à estruturação da psique de todo sujeito.

O contrato narcísico organiza os termos de um intercâmbio narcísico. Ele prescreve, para todo sujeito, desde seu nascimento, um lugar

8 *Op. cit.*, *Les alliances inconscientes*, p. 4.

9 *Ibid.*, p. 36.

no seio de um grupo que se torna *seu grupo de pertencimento*, sob a condição de que ele contribua à sua continuidade e à sua conservação.

Ele assegura tanto o crescimento do grupo quanto as condições necessárias à ancoragem narcísica da vida psíquica do sujeito.

Quanto às **alianças estruturantes secundárias**, Kaës destacou na obra de Freud três formas de aliança cuja formação é duplamente estruturante, tanto para o sujeito considerado em sua singularidade quanto para as instituições sociais e culturais: *o pacto dos Irmãos, a aliança com o Pai e o contrato de renúncia à realização direta de metas pulsionais destrutivas.*

Elas se caracterizam pela relação que mantêm com a lei comum e com os interditos fundamentais – a tripla interdição do incesto, do canibalismo e do assassinato –, e são assim consumadas entre sujeitos e um grupo, o qual as impõe a eles como condição da vida social e do pertencimento deles a uma comunidade.

No seio dessa dupla função, essas alianças desempenham um papel de garantia e de terceiro simbólicos, geradores de processos de simbolização.

2. **As alianças defensivas e pactos denegativos** cujos efeitos potencialmente alienantes e patogênicos formam um terceiro tipo de aliança.

O grupo – e mais geralmente toda configuração do laço – não é apenas o meio e o lugar de realização de desejos inconscientes individuais, mas é também o meio e o lugar da experiência do ódio, da destruição, da morte, do impensável. Dito de outro modo, *os sujeitos estabelecem também seus laços sobre a base do que eles negam ou denegam.*

É assim que, com a categoria do *negativo*, o laço e a aliança podem ser pensáveis na dimensão da castração, do que falta ou do que é perdido, ou do que desafia a morte. Em consequência, *essa negatividade,* mediante suas diversas figuras, *deve ser recalcada*, ou *denegada, rejeitada e apagada.*

O pacto denegativo, que é um pacto sobre o negativo, designa, para Kaës, "o resultado do trabalho de produção do inconsciente, necessário à formação e à manutenção do laço intersubjetivo quando os sujeitos desse laço são mobilizados por diferentes figuras e modalidades do negativo"[10].

Assim, o pacto denegativo tratará a negatividade, seja a negando, seja a ligando nos sujeitos em uma aliança inconsciente dita defensiva. Especificamente consumado para assegurar as necessidades defensivas dos sujeitos ligados, ele realiza então uma função metadefensiva para cada um deles e deverá ser considerada como uma modalidade de resolução de conflitos intrapsíquicos e de conflitos intersubjetivos ou grupais.

Quando o pacto denegativo se constrói sobre o recalque e sobre a renúncia à realização direta das metas pulsionais destrutivas, o resultado dele são conteúdos recalcados, sempre capazes de retornar ao laço na forma de sintomas compartilhados de estrutura neurótica. Por outro lado, *quando se estabelece na base da negação, da recusa e do desmentido*, criam no laço e em cada um dos sujeitos, algo de enigmático, de não-significável, de não-transformável. Apagamentos, zonas de silêncio, 'espaços de lixo' mantêm o sujeito estranho a sua própria história e à história do outro. Trata-se de alianças ditas *alienantes* porque tornam os sujeitos vinculados radicalmente estranhos a si mesmos e se apresentam segundo modalidades variáveis.

3. Enfim, **as alianças ofensivas** são consumadas para impor um projeto criador ou destruidor.

10 *Ibid.*, p. 113.

Todas essas alianças se distinguem umas das outras por seu objeto principal e por sua meta. Além disso, implicam uma complementariedade e uma sinergia entre os sujeitos que os consumam, donde a existência de alianças simétricas e assimétricas, homogêneas e heterogêneas.

A partir desses esclarecimentos essenciais, como conceber as modalidades e produções do trabalho de casal nesse nível grupal?

Retomando certas ideias e proposições de Anzieu e de Kaës, eu diria que o casal, enquanto grupo, seria em primeiro lugar um *envelope* que mantém juntos os dois parceiros, mas também um *continente* de suas pulsões, representações e afetos, um lugar de fomentação, de junção e de circulação de suas fantasias e angústias correlatas.

O casal pode também se conceber como sendo um objeto intermediário, definindo uma nova realidade, uma área intermediária, transicional, uma zona de sobreposição entre duas áreas individuais, a de cada parceiro.

No plano econômico, sejam os casais hetero ou homossexuados, sua realidade psíquica grupal será também as-sexuada, fundada em investimentos narcísicos e homossexuais. Donde um outro destino, aqui conjugal, da corrente libidinal homossexual de cada um dos parceiros. As identificações primárias e narcísicas serão ali igualmente predominantes.

No plano dinâmico, podemos encontrar a tripla regressão do aparelho psíquico (temporal, tópica e formal) de cada parceiro no seio do casal, assim como aquela dita espaço-temporal.

Além disso, notamos facilmente os dois registros identificados por Anzieu: a circulação fantasística entre os dois parceiros, expressão do processo primário, e o polo técnico, ligado à realização de suas tarefas comuns, expressão do processo secundário do ego dos dois parceiros. Eles formam assim um *casal de trabalho*.

A convergência desses dois registros fará nascer, em particular, a produção de uma cultura conjugal constitutiva de uma identidade conjugal, realizada pelo trabalho de casal conjunto que se tornará, nesse nível, o trabalho do aparelho psíquico conjugal deles.

Recordemos algumas de suas características.

Viver junto pressupõe a criação de um espaço-tempo comum e compartilhado que estará inevitavelmente em uma relação de tensão com os espaços-tempos separados e diferenciados dos dois parceiros. Trata-se de campos de fomentação e de circulação fantasísticas, de sublimações e de simbolizações múltiplas no seio dos quais serão elaboradas formações de compromissos, individuais e conjugais, traduzindo-se:

- pela criação e pelo investimento de atividades tanto comuns e compartilhadas quanto diferenciadas e separadas (profissional, extraprofissional, lazeres);
- pela elaboração de representações e de ideias, comuns e não compartilhadas, (as do homem e da mulher, de seus respectivos papeis no casal, de suas relações no seio do casal, as do casal, inspiradas em sua respectiva família, as da família, notadamente);
- pela instauração de formas de comunicação, estáveis e variáveis, de normas de conduta, de regras de organização e de funcionamento domésticas, de valores e de ideais comuns, de relatos míticos, de atividades rituais evoluindo rumo a hábitos, entre os quais também a vida erótica;
- pelo estabelecimento de instituições ditas "conjugais".

Podemos assim considerar a organização de uma economia doméstica, um orçamento comum e diferenciado, mas igualmente os modos de exercício e setores diferenciados do poder entre os dois parceiros. Evoquemos também o jogo de investimentos entre o seu casal, esfera de intimidade, suas fronteiras e o mundo exterior, as relações entre casal privado/casal público e sua conflitualidade estrutural, até mesmo sua possível clivagem. Enfim, o investimento do tempo, compartilhado e não compartilhado, a temporalidade individual e comum deles serão também setores significativos e virtualmente conflitivos de toda vida conjugal.

Quanto aos organizadores psíquicos, podemos identificar alguns ou a totalidade daqueles mencionados por Anzieu?

Com efeito, podemos facilmente encontrar fantasias individuais e a ressonância fantasística correlata, fantasias originárias e o complexo de Édipo. Nós as encontraremos no seio dos grupos internos conceitualizados por Kaës.

E quanto ao aparelho psíquico conjugal?

Manteremos a abordagem pertinente de R. Kaës que corresponde a nossa representação da realidade psíquica dos casais, comportando três níveis ou espaços psíquicos, diferenciados, articulados e interdependentes.

Poderemos assim pensar *a existência de um aparelho psíquico conjugal que é uma produção específica do trabalho de casal dos dois parceiros nesse nível grupal. Esse aparelho conjugal, estrutura e processo, realiza então um trabalho específico cuja função é ligar, conjugar certas formações e processos que provêm da e pertencem à realidade psíquica dos dois parceiros. Eles se tornam então membros de seu grupo conjugal. Assim também, ele realiza a aparelhagem de sua tópica, de sua economia e de sua dinâmica psíquicas.*

Permanecerá ativo na psique de cada parceiro para contribuir igualmente a unificar os três níveis individual, intersubjetivo e grupal.

Contudo, sofrendo da falta de um corpo real, *o aparelho psíquico conjugal procura dotar-se de um corpo imaginário.*

Não se diz, ou não se escuta, que "estamos bem *em* nosso casal" ou que, pelo contrário, "estamos nos sentindo mal, não conseguimos respirar, estamos sufocados, sentimo-nos presos..."? O casal é, com efeito, fantasisticamente vivido pelos seus dois membros não apenas como um "corpo vivo", mas igualmente investido como um ser vivo em crescimento que tem necessidades vitais, psíquicas e funcionais a satisfazer, e que atravessará inevitavelmente períodos críticos, de mudança e de amadurecimento.

Todavia, essa representação de ser vivo, de "corpo vivo" diferente nos dois membros, suscitará ou poderá suscitar fantasias variadas gerando diversas angústias, essencialmente arcaicas, de devoração, engolimento ou de perseguição, por exemplo.

Essa fantasia de *corpo vivo e unitário e de ser vivo* é antagônica em relação à representação do *corpo despedaçado e do ser vivo em sofrimento*, que surge em período de crise, então animado por fantasias de quebra, acompanhando a reativação das posições esquizoparanóide e depressiva dos dois parceiros.

O grupo conjugal ou objeto-casal, ser vivo fantasístico e criação comum e compartilhada, embora diferenciada em cada um dos parceiros sob a dupla forma, percebida e representada, nos aparece então como representando um terceiro objeto psíquico no seio da relação intersubjetiva amorosa que se revela então triangular. Esse grupo conjugal ou objeto-casal recebe um investimento de natureza narcísica e homossexual.

Essa realidade psíquica conjugal repousa igualmente sobre um conjunto de alianças inconscientes, estruturantes, mas também defensivas e ofensivas. Trata-se de um outro tipo de produção do trabalho do aparelho conjugal.

Consideremos antes de tudo o *contrato narcísico conjugal* que existe em todo casal.

Trata-se de um *contrato de afiliação* ao casal, enquanto grupo secundário, que recebe e exige de cada parceiro investimentos, tanto narcísicos quanto homossexuais sublimados, a serviço da autoconservação do casal e de cada um de seus membros.

Ele prescreve um lugar para cada um no seio do casal, sob a condição de que ele contribua a sua continuidade, sua preservação e sua evolução. Além disso, um ideal do ego e objetos comuns e compartilhados vão ser criados ao preço, em cada um, de uma parte de narcisismo: notadamente a cultura e a identidade conjugais, em seus diversos aspectos.

Esse Ideal do ego conjugal exercerá uma função de recalque em cada um dos membros do casal e os obrigará a respeitar os termos de seu contrato, em nome de seu Ideal conjugal. Contudo, em todas as ocasiões de um remanejo dos fundamentos narcísicos do laço conjugal, um desvio poderá se produzir com relação ao contrato narcísico inicial, que será acompanhado por um retorno do recalcado, deixando emergir conflitos entre as exigências narcísicas do ego de cada qual e aquelas do casal.

As rupturas conjugais são também rupturas do contrato narcísico inicial, engendrando dor, decepção, traição e trabalho de luto.

Complementarmente ao *contrato narcísico conjugal, as alianças estruturantes secundárias* (pacto dos Irmãos, aliança com o Pai e contrato de renúncia à realização de metas pulsionais destrutivas) representam garantias metapsíquicas igualmente constitutivas do espaço conjugal com seus interditos fundamentais.

E quanto às alianças defensivas?

No seio do casal, diferentes operações defensivas são requeridas de cada parceiro para que o laço possa constituir-se e manter-se, sob o risco de sua destruição. Assim, um tratamento conjunto dos mecanismos individuais de defesa e mecanismos de defesa próprios ao laço conjugal estarão em ação para benefício de seus parceiros e para aqueles do casal.

Quando o pacto denegativo conjugal se constrói sobre o recalque, resultam conteúdos recalcados que retornam por meio de transferências, sintomas de natureza neurótica, sonhos, em particular: sua estrutura é a das formações de compromisso que são sustentadas por uma metadefesa que tem por função e finalidade assujeitar cada parceiro a seu sintoma, em relação com o que ele realiza no e para o laço conjugal. Devemos então levar em conta, por um lado, o valor e a dupla função, econômica e dinâmica, individual, que o sintoma cumpre para o próprio parceiro e, por outro lado, seu valor e sua dupla função conjugal. Pois esse sintoma recebe assim um investimento da parte do outro, para manter o laço conjugal.

Contudo, acontece de só um dos dois parceiros da aliança o represente, aparentemente poupando o outro de ter de exibi-lo. Ele se torna o *porta-sintoma* do casal, por razões que lhe concernem individualmente e que ele utiliza com o outro. É sua *função fórica.*

Quando os pactos denegativos se estabelecem na base da negação, da recusa e do desmentido, eles produzem no laço conjugal e em cada parceiro conteúdos inconscientes tais como formações irrepresentadas, que se manifestam nas passagens ao ato, as projeções massivas, as clivagens, as rejeições, de modo que, o mais frequentemente, permanecem enquistadas nas negações em comum e nos contratos perversos.

> *Beatriz*, 40 anos e *Marco*, 43 anos, estão casados e vivem juntos há quinze anos. São pais de duas filhas, com 12 e 10 anos de idade.
>
> Eles sofrem da extinção de sua vida erótica conjugal já há vários anos. De fato, ela nunca existiu de verdade, e parecia especialmente insatisfatória para cada um deles. Marc sendo um "ejaculador precoce" e Beatriz não sabendo como seduzi-lo e acalmá-lo. Além disso, fico sabendo que sua comunicação é muito pobre,

tanto no plano verbal quanto no afetivo, inscrevendo-se essencialmente em um registro factual.

Ao longo de nosso trabalho, descobrimos que os dois foram crianças não desejadas. O pequeno Marco se sentiu excluído muito cedo do casal parental, perturbando a intimidade deles e invadindo a "bolha simbiótico-fusional" deles. Isso causou nele feridas narcísicas profundas e carências afetivas precoces, mas também moções hostis intensas, dirigidas sobretudo a sua mãe, ao passo que seu pai parecia mais acolhedor a seu respeito. Todavia, sua angústia de castração, particularmente acentuada, o conduziu a evitar confrontar seu pai. Além disso, o desenvolvimento de sua virilidade não foi valorizado pela sua mãe. Beatriz, por sua vez, sentindo-se como uma filha supérflua no seio de sua família, cresceu com a obrigação implícita de não incomodar seus pais, nem mesmo manifestar-lhes sua existência, a ponto de desenvolver uma relação dita "fusional" com sua mãe, e mesmo apagar toda expressão de feminilidade. Ela se comportava então como uma "moleca", o que convinha a todos, *a priori*.

Eles se encontraram, pois, em torno de uma problemática comum e compartilhada, por um lado, feridas narcísicas e carências afetivas precoces, ainda vivas, e, por outro lado, uma recusa da masculinidade por Marco e da feminilidade por Beatriz. Eles compartilham também a presença ansiogênica de uma fantasia incestuosa inconsciente, acompanhada de defesas comuns mobilizadas para se proteger dela. O que se manifestou, em particular, pelo sacrifício de sua sexualidade conjugal, que se tornou o terreno de uma reativação de suas feridas narcísicas infantis.

O desinteresse erótico de Marco por sua mulher e a ausência de valorização de sua feminilidade reativaram nela feridas narcísicas, encontraram a recusa materna de sua feminilidade, mas, por outro lado, a protegia da realização de sua fantasia incestuosa inconsciente com o pai de sua infância, a quem ela não conseguia seduzir, ao contrário de algumas de suas irmãs.

Esse desinteresse de Marco por sua mulher tinha também um significado de punição no imaginário inconsciente de Beatriz, aliviando um sentimento de culpa inconsciente ligado à sua fantasia incestuosa.

Durante todos esses anos, Beatriz se instalou em um estado de espera e de passividade com relação a Marco, dando testemunho de uma forte disposição masoquista. De certa maneira, ela recusava indiretamente a virilidade adormecida de Marco. Ela enfim pôde verbalizar que o ato sexual era repugnante e comportava uma dimensão agressiva, destrutiva. O que estava sustentado por uma fantasia inconsciente incestuosa com uma forte carga hostil para com a mãe de sua infância, que representava transferencialmente Beatriz.

Os dois realizaram *um pacto denegativo fundado no recalque da fantasia incestuosa* e em um sentimento inconsciente de culpa que se exprimiu por uma necessidade de punição. Marco foi inconscientemente designado por um e outro parceiro e pelo casal como sendo o *porta-sintoma conjugal*. O sintoma de Marco cumpriu assim uma dupla função dinâmica e econômica, individual e conjugal, assim como é investido de modo sadomasoquista por ele, por Beatriz e pelo casal. A ausência de sexualidade conjugal constituía para Marco e Beatriz uma *formação neurótica conjugal*, ou seja, *uma solução tanto defensiva, protegendo-os assim de suas fantasias incestuosas inconscientes, quanto uma solução punitiva, sadomasoquista*, que reativa suas feridas narcísicas da infância à espera de tratamento.

Tendo chegado ao final de meus desenvolvimentos, penso ter explorado suficientemente, com Anzieu e Kaës, a realidade grupal-conjugal e as diversas modalidades e produções do trabalho de casal em suas relações com o aparelho psíquico conjugal. Um outro exemplo da extrema complexidade da realidade psíquica conjugal tridimensional.

Vou agora abordar o papel do trabalho de casal na temporalidade psíquica conjugal.

5. Trabalho de casal e temporalidade

Como abordar a temporalidade do casal e de seus dois membros?

Que papel tem o trabalho de casal de cada um na construção e na experiência dessa temporalidade conjugal?

Como se distribuirão os investimentos pulsionais de cada um e do casal, entre esses diferentes tempos, passado, presente e futuro? Conflitos se manifestarão inevitavelmente em função dos períodos da vida, das etapas críticas de cada parceiro, mas também daquelas que o casal atravessa.

Recordemos as três dimensões do casal, corporal-sexual, sociocultural e psíquica, cada uma das quais comportando necessariamente uma temporalidade própria. Relações conflituais serão, pois, inevitáveis, com múltiplas repercussões, nos planos tópico, dinâmico e econômico.

Todavia, vou considerar aqui a temporalidade da sua realidade psíquica, estando sempre consciente das interrelações entre suas três dimensões.

Abordarei assim alguns aspectos dinâmicos e econômicos da temporalidade conjugal, em particular sua essência crítica, que deve ser diferenciada da "crise conjugal". Depois interrogarei algumas perspectivas evolutivas, sem desenvolver a questão do envelhecimento dos dois parceiros e suas repercussões no funcionamento conjugal, algo de que já tratei em *Le couple et son histoire*. Prosseguirei examinando algumas condições essenciais da durabilidade de um casal psiquicamente vivo. Por fim, proporei um questionamento e elementos de resposta quanto à problemática da ruptura conjugal e da separação dos dois parceiros.

Aspectos dinâmicos e econômicos da evolução do casal

O casal é uma organização tópica, dinâmica e econômica, viva, ou seja, móvel e evolutiva, cuja aparente estabilidade é determinada tanto por relações de força, relativas à economia da imbricação pulsional entre Eros e a pulsão de morte, quanto por processos recorrentes de desorganização e de reorganização.

Sua temporalidade é animada por movimentos progressivos e regressivos, rumo a pontos de fixação pré-genital, mas também por diversas formas de compulsão à repetição e de *après coups*.

Assim, podemos encontrar uma compulsão a repetir situações de busca de um prazer outrora recalcado, compulsão segundo o princípio de prazer. Assim como uma compulsão a descarregar pelo ato correspondente a uma compulsão segundo o princípio de Nirvana. E também uma compulsão a recolocar em cena os traumas para além do princípio do prazer.

Parat (1967) considera que a organização edipiana, à qual corresponde o casal, comporta uma situação de "equilíbrio móvel e em perpétuo remanejamento", cuja economia procede do jogo vivo de duas variedades de investimentos, heterossexual e homossexual, que são, elas mesmas, móveis. "Existe uma espécie de balanço entre a importância relativa do investimento de um e outro, e é essa oscilação permanente que permite o equilíbrio"[1].

Esse equilíbrio móvel e vivo separa a relação conjugal do essencial das pulsões agressivas que se veem desviadas para fora, em investimentos que visam o "mundo dos outros", em um modo muitas vezes sublimatório.

De um outro ponto de vista, psicanalítico e sistêmico, Lemaire (1979) avalia que a aparente estabilidade dos casais pode ser compreendida em termos de um equilíbrio dinâmico que resulta de uma constante reorganização das interrelações entre os parceiros, ou seja, de processos de organização, desorganização e reorganização. O casal deve então ser funcionalmente considerado como um conjunto ritmado por alternâncias de fases, no curso das quais os fenômenos de lua de mel e de crise reaparecem, sob uma forma menor, e entrelaçadas umas às outras.

A crise representa a antítese da fase de lua de mel, permitindo o reinvestimento afetivo do mundo exterior que havia sido parcialmente desinvestido quando o parceiro e o casal estavam superinvestidos. Assim reaparecem as manifestações da agressividade mútua que a fase de lua de mel tinha reduzido e desviado ao mundo exterior.

Por conseguinte, a evolução conjugal dependerá do equilíbrio das forças de ligação e de desligamento que todo casal realiza.

Considerando os dois polos da existência psíquica constituídos pela organização e estabilidade, por um lado, e pela historicidade, por outro, Rosenberg[2] (1991) nos oferece uma compreensão pulsional da dinâmica evolutiva dos casais, fundada na economia da imbricação pulsional.

1 *Op. cit.*, p. 794.

2 *Op. cit., Masochisme gardien de la vie, masochisme mortifère.*

Com efeito, Eros e a pulsão de morte se opõem mediante *movimentos* de significação (integração-desintegração) e de sentido (regressivo-progressivo) opostos. Ele considera então que o sentido pulsional das organizações psíquicas comporta duas características fundamentais e primárias: uma primeira, *antirregressiva*, que consiste em que toda organização se esforça em resistir ao movimento desintegrador, portanto regressivo, da pulsão de morte. Ao passo que a segunda característica, *progressiva*, consiste no fato de que toda organização é capaz de se transformar para servir assim de elemento constituinte de organizações mais amplas, tornando assim possível o movimento progressivo resultante do trabalho de Eros.

Essas duas características podem entrar em oposição na medida em que uma organização com fins defensivos, antirregressivos, se enrijece para resistir ao movimento desintegrador por parte da pulsão de morte, perdendo com isso a capacidade de se transformar, reduzindo então seu caráter progressivo.

No seio da economia interna da pulsão de vida, há, pois, todo um jogo de equilíbrio entre a libido que se gasta para defender-conservar as posições objetais adquiridas e a libido que está disponível para investir novos objetos e constituir em torno deles novas organizações.

Sob esse aspecto, as fixações, que são – através deste apego específico ao objeto – eixos para o recalque e, especialmente, para a regressão, e constituem também uma barreira que impede uma regressão ainda mais significativa e profunda. Do ponto de vista do sentido pulsional, elas representam, portanto, um reforço do caráter antirregressivo de certas organizações por um superinvestimento de Eros, o que impede sua dissolução, retardando, assim, o movimento regressivo.

Como consequência, a economia interna da pulsão de vida faz prevalecer sua característica antiregressiva (Eros autoconservador) ou sua característica progressiva (Eros-libido fazendo evoluir as relações objetais). Contudo, essa economia interna da pulsão de vida é submetida à economia da imbricação pulsional, ou seja, à força respectiva, em um dado momento, da pulsão de vida com relação à pulsão de morte. Ela está no cerne do objeto, como já evocamos, e das organizações psíquicas, e constituiria, segundo B. Rosenberg, o fator último determinante da estabilidade e da permanência das organizações psíquicas. O que observamos nesse nível intersubjetivo de toda organização conjugal onde os movimentos dessa economia da imbricação pulsional determinarão sua estabilidade ou sua instabilidade e seus diversos destinos, entre os quais a separação dos dois parceiros e destruição correlata do casal.

A essência crítica do casal e a crise conjugal

Da minha parte, distingo, no plano dinâmico, a essência crítica do casal e a crise conjugal. Com efeito, inscrevo o casal na dinâmica de sua "história natural", escandida pelas etapas e experiências críticas, individuais e conjugais, que representarão situações e acontecimentos felizes e dolorosos, mudanças existenciais, objetos de um necessário trabalho de luto. Eles inevitavelmente vão desestabilizar, e até mesmo convulsionar, a economia psíquica de cada parceiro e do casal, assim como vão reativar, e mesmo exacerbar, conflitualidades estruturais intra- e intersubjetivas, feridas narcísicas, experiências traumáticas e angústias múltiplas, de natureza pré-genital e edipiana, e outros afetos, tais como um sentimento de culpa inconsciente, um ódio, movimentos e de inveja e de ciúmes, até então supostamente contidos e controlados, no espaço intrapsíquico e/ou no espaço intersubjetivo. Poderão igualmente, pelo contrário, satisfazer desejos de realização, de completude narcísica, até mesmo fantasias de onipotência.

A propósito, que se entende por "crise de casal", expressão banal e usual empregada indiscriminadamente?

Em geral, os casais falam de "crise" para exprimir que as coisas já não vão bem entre os dois parceiros, mesmo que sintam que sua vida conjugal não é nem serena, nem tranquila, mas sim agitada por flutuações um tanto penosas. Enquanto que nos apresentam os conflitos como episódios, surtos explosivos, pontuais ou resolutivos – mesmo que se repitam em uma frequência variável e conforme roteiros bastante ritualizados –, a crise conjugal é vivida e descrita como um estado doloroso, conflitivo e angustiante, que perdura no tempo e que marca uma ruptura mais ou menos súbita na continuidade da vida conjugal. Os parceiros a vivem muitas vezes como um fenômeno anormal, na pior das hipóteses como uma guerra, embora estejam conscientes de que todo casal passa por etapas inevitáveis ou tempos críticos. Além disso, trata-se de uma crise individual, vivida por um dos dois, que tem repercussões críticas no casal, ou de uma crise conjugal correlata a um acontecimento conjugal, até mesmo de uma crise familiar, tendo um impacto sobre o casal parental?

André Ruffiot[3] (1984) considera que a crise conjugal instala no seio do casal um funcionamento psíquico que apresenta todas as virtualidades psicóticas que comportam processos de negação e de clivagem, tanto do objeto amoroso quanto do ego, em bons e maus, associados a uma experiência paranoide do parceiro introjetado, tornado então um mau objeto amoroso, um perseguidor interno, que põe em perigo a integridade psíquica do ego. Isso sugere que a crise conjugal reativaria a posição esquizoparanóide em cada parceiro no seio do casal. Enquanto que sua resolução se realizaria por uma evolução rumo a uma posição depressiva que põe em ação processos reparadores, sustentados por um sentimento de culpa inconsciente, portanto reorganizadores e criativos para a relação intersubjetiva e para o grupo conjugal.

---

3 Ruffiot, A. (1984). Le couple et l'amour. De l'originaire au groupal. In Eiguer, A. (dir.). *La thérapie psychanalytique du couple*. Bordas.

Entre as principais etapas conjugais virtualmente críticas, eu assinalei: a coabitação ou instalação dos dois parceiros conjugais em um espaço comum e compartilhado (seu habitat sendo fantasiado como um corpo comum imaginário e um envelope psíquico) que requer o inevitável estabelecimento de uma organização da vida doméstica e de suas vicissitudes; a institucionalização do casal pelo casamento; a formulação do desejo e a consumação do projeto de ter filho ou seu fracasso por razões diversas, como a esterilidade, ou até o não-desejo de um dos dois; o nascimento de uma ou da primeira criança, portanto a passagem do casal à família, e a diferenciação virtualmente conflitiva entre casal amoroso ou conjugal e casal parental; evoquemos igualmente algumas etapas do ciclo da vida familiar, como a adolescência dos filhos, induzindo uma *nova travessia* do conflito edipiano dos pais; a partida, depois o casamento dos filhos; o casal se vê então, de novo, face-a-face; o envelhecimento de cada um, com o fim da atividade profissional de um e depois dos dois parceiros, o que determina a perda de um importante objeto de investimento, o objeto-trabalho, tendo implicações múltiplas sobre a economia e a dinâmica psíquicas do aposentado e de seu casal; o nascimento dos netos e o novo *status* de avós; enfim, a morte de um dos parceiros.

Sobre algumas perspectivas evolutivas

Discutamos agora algumas perspectivas evolutivas e condições essenciais da durabilidade de um casal.

Desgaste e tédio no seio do casal

Parat (1967) evoca um possível *desgaste* ao longo do tempo da organização conjugal, de estrutura edipiana, que poderá evoluir rumo a uma relação entre os dois parceiros reduzida a uma série de hábitos satisfatórios no modo pulsional, mas que, em última instância, os prende em um mundo cada vez mais estreito, fixo e congelado, mortífero, contrariamente à preservação de uma relação que comporte um vigor da vida fantasística e da criatividade conjugais.

Os casais que se contentam em suportar seu desgaste, pensa Lemaire (1979), não "duram": "lhes é possível uma relativa coabitação, mas eles morrem enquanto casais, mesmo se mantêm sua fachada legal. Já aqueles que vivem, são, pelo contrário, os que constantemente reestruturam seus vínculos abandonando o passado com sua estrutura ultrapassada"[4].

Do mesmo modo, o casal pode evoluir rumo a uma progressiva deserotização entre os dois parceiros, ou rumo à perda de certas qualidades de um dos parceiros, quer se trate de objeto de relação genital, de objeto de ternura, de objeto erótico ou narcísico. Isso inevitavelmente perturba a organização conjugal.

Além disso, Parat nos convida a observar que um eventual desinvestimento do "mundo dos outros" pode acabar fechando o casal em um sistema binário, que, assim que ultrapassa certos limites, deixa de pertencer à organização edipiana, para regredir a uma organização pré-genital sustentada por uma fixação. Ele se depara com a ambivalência e a agressão reintroduzidas no casal, que contêm em germe a destruição da relação amorosa.

Já eu *tenderia a falar do tédio que se instala ao longo do tempo, e que dá testemunho de um fracasso de seu trabalho de casal.* Trata-se de casais que perduram, é verdade, mas ao preço de uma morte psíquica parcial.

Por que as pessoas se entediam como casal? Uma dimensão de tédio é inevitável, porque intrínseca à temporalidade conjugal?

No plano metapsicológico, o que significa entediar-se como casal? Quais são os aspectos tópico, dinâmico e econômico disso?

---

4 *Op. cit.*, *Le couple, sa vie, sa mort*, p. 337

Trata-se de um tédio no nível individual-intrapsíquico, vivido por um ou pelos dois parceiros, segundo razões diferentes, ou no seio da relação intersubjetiva e/ou no seio do grupo conjugal?

Com efeito, a dimensão depressiva do tédio se instala no seio do casal, sob o impulso de um ou dos dois parceiros, e a economia da imbricação pulsional está então em nítido desequilíbrio em favor da pulsão de morte ou da função antiregressiva de Eros. A função objetalizante de Eros mostrou-se então falha com uma perda das capacidades de investimento em novos objetos. O trabalho de casal é um trabalho cuja função objetalizante deve permanecer viva e eficiente, criativa e simbolizante, *impulsionando* o casal a se renovar, a investir em novos objetos, comuns e compartilhados – mas também pessoais e diferenciados –, a sonhar, a elaborar projetos, portanto a se projetar no futuro. Contrariamente à função desobjetalizante, tornada predominante, que leva a uma fixação e a um fechamento no tempo presente ou a uma regressão a um passado que se repete, marcado por acontecimentos traumáticos ou, pelo contrário, gloriosos e idealizados.

O tédio pode igualmente caracterizar-se por um nítido desequilíbrio entre os processos primário e secundário no seio do casal, em favor do segundo. A secundarização da vida conjugal caracterizada, em particular, por uma repetição mecânica das atividades cotidianas ou uma comunicação factual desprovida de afetos, assim como por uma pobreza, até mesmo uma extinção de toda vida fantasística, dá também testemunho do trabalho da pulsão de morte. A vida fantasística pode, com efeito, se apagar em um ou nos dois parceiros, como a busca e o desejo de novidade, portanto a capacidade de investir em novos objetos. Opera ali a oralidade dos parceiros, manifesta por uma insatisfação, uma necessidade de mudança de objeto, de novidade, em detrimento da analidade que fixa e congela, inscrita na duração e na continuidade.

Traumas, desorganizações psíquicas e somatizações que ocorrem no casal

Não se pode abordar a vida conjugal ao longo do tempo sem levar em conta a eventualidade de uma desorganização psíquica ou de uma somatização em um ou nos dois parceiros, favorecidas seja por um acontecimento exterior ao casal, seja por um acontecimento interno a um deles e/ou pelas dificuldades e sofrimentos da vida conjugal em seus momentos muito conflituosos e críticos, ou em seu *après coup*.

Debrucemo-nos particularmente sobre as somatizações.

P. Marty (1990) evoca os movimentos de báscula entre as duas ordens, psíquica e somática, da unidade psicossomática do ser humano, e considera que os traumas se definem pela "quantidade de desorganização que produzem e não pela qualidade do acontecimento ou da situação que os produzem. Um trauma decorre assim da relação entre a excitação e a defesa psicossomática do indivíduo em questão"[5].

Ele leva em conta dois grandes processos de somatização que criam as condições do desenvolvimento das doenças somáticas:

A regressão somática e a desorganização progressiva que contribuem para somatizações de natureza e gravidade diferentes.

Ambas se inscrevem no seio da economia psicossomática de cada parceiro e daquela do casal. Põem-se múltiplas questões que não iremos responder: os parceiros representam um para o outro bons objetos para-excitantes ou porta-fantasias podendo compensar as falhas da atividade representativa e fantasística do outro? Assim, cada um poderia representar para o outro, ou para o próprio casal, uma boa proteção contra todo desenvolvimento de uma somatização.

5 Marty, P. (1990). *La psychosomatique de l'adulte*. PUF, p. 79.

Ao contrário, o parceiro ou o casal poderiam representar, em certas situações ou períodos conflituosos e críticos, uma fonte de excitação e de traumas de natureza diversa? Poderiam então favorecer processos de somatização no parceiro? Isso deveria ser interpretado como o sintoma de um fracasso do trabalho de casal?

Tantas questões que constituiriam um início de pesquisa, que mereceria ser feita, sobre uma psicossomática do casal.

Por ora, que dizer dos casais psiquicamente vivos que perduram?

Para além da dinâmica e da economia psíquicas próprias a cada parceiro conjugal, fatores essenciais de durabilidade devem ser considerados.

Alguns fatores de durabilidade de um casal psiquicamente vivo

A possibilidade de reviver de modo recorrente a alternância de fenômenos de lua de mel seguidos de crise

Com efeito, Lemaire (1979) insistiu sobre essa alternância dos fenômenos de lua de mel seguida de crise, de um modo menor e emaranhado, marcados em cada parceiro por clivagens idealizantes e um trabalho de luto. Já C. Parat (1967) evoca "a possibilidade de reviver, em intervalos variáveis, o que merece o nome de surtos amorosos, talvez em função da 'recarga narcísica' que eles comportam"[6].

O elemento erótico e o elemento narcísico

A componente pré-genital da relação heterossexual da organização edipiana comporta um *elemento erótico* e um *elemento narcísico*. Parat estima que essa componente pré-genital do investimento amoroso e conjugal é aquela que, como o investimento terno, constitui provavelmente o elemento menos intercambiável, o mais específico

6 *Op. cit.*, p. 805.

da relação, aquela que contribui mais fortemente, por vezes, à constituição e consolidação do casal amoroso.

O elemento erótico procura reencontrar e realizar prazeres e fantasias antigas, o parceiro podendo, nesse sentido, ser utilizado como um objeto tanto oral quanto anal ou fálico.

Já *o elemento narcísico* realiza um superinvestimento do objeto amoroso que corresponde a um deslocamento do narcisismo próprio, esse objeto amoroso estando então confundido com os objetos internos, notadamente parentais, do sujeito, que são então projetados no objeto escolhido. Na sua reciprocidade, esse superinvestimento do objeto amoroso é vivido como um ganho narcísico pessoal, a estima do outro reforçando a estima de si, o que permite amar-se por identificação ao outro que ama você.

O investimento terno

Essa componente terno procede de pulsões eróticas com meta inibida, que é preciso sobretudo caracterizar por seu vínculo com o objeto. Essa contenção da pulsão por si mesma consistiria, segundo A. Green[7] (1997), em uma modificação intrínseca das pulsões eróticas pelas forças de separação, ou seja, pelo trabalho da pulsão de morte. O quer cria *investimentos objetais duráveis e permanentes.*

É verdade, mas não se pode falar desse investimento terno circulando entre os dois parceiros conjugais sem fazer referência à sua dimensão regressiva benéfica, ou seja, à ternura materna que Racamier (1969) considera como um derivado bem-sucedido e sensualizado da sedução narcísica primária entre a mãe e seu filho, assim como da preocupação materna primária, e cuja especialidade é envelopar.

Isso justifica o papel desse fator na durabilidade do investimento conjugal.

---

7 Green, A. (1997). *Les chaînes d' Éros*. Odile Jacob.

A corrente de investimento homossexual inibida quanto à meta

Fain[8] (1967) argumenta que a vida em casal pode permitir a integração da libido homossexual dos parceiros. Ele especifica, além disso, que o fato mais importante não é a satisfação, mas a integração, ou seja, "o sentimento de aptidão à satisfação". E mais, esse laço, que é ao mesmo tempo narcísico e não dessexualizado, representa um dos raros elementos que condicionam de maneira durável a união de um casal. Contudo, a pregnância considerável da corrente de investimento homossexual, inibida quanto à meta, no seio do casal, também pode se exprimir mediante o apego terno e pouco erotizado dos dois parceiros, o que será acompanhado por uma limitação importante de sua vida erótica tornada um tanto secundária, e contribuirá à durabilidade da relação conjugal.

O papel do masoquismo conjugal ou a junção do núcleo masoquista erógeno do ego dos dois parceiros.

O masoquismo permite suportar, lembremos, a relativa não-satisfação, a não-descarga imediata (inerente a uma relação de objeto durável). É mais precisamente o núcleo masoquista do ego ou masoquismo erógeno primário que permite o investimento (a ligação) da excitação, tornando-a aceitável. Assim, a permanência do núcleo masoquista primário no ego garante a temporalidade-continuidade psíquica, assegurando o *continuum* da excitação. Em consequência, a apreciação do papel e do peso do núcleo masoquista erógeno primário no âmago da relação de objeto se mostra essencial, em particular para pensar as condições de sua durabilidade, e mais particularmente a de todo casal.

Com efeito, para poder perdurar, os dois parceiros devem tolerar os conflitos, os episódios críticos inevitáveis, as insatisfações,

8 *Op. cit.*, Intervention sur le rapport de C. Parat.

frustrações e decepções de todas as ordens, assim como certas feridas narcísicas, aceitar esperar e adiar satisfações, sem pensar em ruptura impulsiva. É um dos principais papeis do masoquismo conjugal, proveniente da junção do núcleo masoquista erógeno do ego dos parceiros, que contribui notavelmente para a manutenção da vida conjugal.

Trabalho da analidade do ego dos dois parceiros

A analidade introduz o tempo e a continuidade na relação de objeto, participa da seleção do objeto amoroso, como da fixação e manutenção de seu investimento erótico e terno, contrariamente à oralidade. E mais, o trabalho da analidade do ego utilizará sinergicamente as fontes de seu núcleo masoquista erógeno para fazer perdurar a organização conjugal.

O papel da sedução e da via fantasística

A conservação de uma sedução mútua, sob diversas formas, contribui para nutrir o desejo e estimular a atividade fantasística, e, portanto, para manter o casal em vida psíquica. Se a monogamia se associa ao investimento amoroso do parceiro, as tendências poligâmicas, que são mais acentuadas no homem do que na mulher (Parat, 1967), veem-se apagadas, ao menos temporariamente, quando esse investimento é intenso, em razão do superinvestimento do objeto. Todavia, durante o tempo em que a relação está menos viva, essa tendência poligâmica pode se manifestar de um modo fantasístico e contribuir para manter viva a relação conjugal, cada qual identificando-se ao outro em sua liberdade fantasística.

Por outro lado, o grupo conjugal deve poder assegurar uma produção e uma circulação fantasísticas que estimularão a elaboração e a realização de projetos comuns e compartilhados, notadamente.

"Sonhar", "criar", construir" juntos, isso contribui também para preservar a vitalidade conjugal, exprimindo então o triunfo de Eros e de sua função objetalizante sobre a pulsão desobjetalizante da pulsão de morte.

A manutenção do investimento do "mundo dos outros", exterior ao casal

O investimento do ambiente social e cultural, através de seus diversos objetos – quer se trate da atividade profissional, do qual já sublinhamos o valor antagonista e concorrencial com o casal e o objeto amoroso, os filhos, os amigos ou as atividades de lazer – vai desempenhar um papel libidinal equilibrador e será uma fonte de vitalidade pulsional para a vida conjugal, podendo protegê-la dos perigos mortíferos do tédio. Com efeito, essa relação dinâmica e complexa com esse outro mundo de objetos preserva as trocas e as identificações homossexuais, vivas e móveis, mantêm a possibilidade de investimentos sublimados e de satisfações correlatas. No plano econômico, a distribuição de cargas libidinais entre esses diversos objetos será diferente, em quantidade e em qualidade, e variável em função dos períodos.

Contudo, esse investimento, flutuante, pode também às vezes se encontrar na origem de rupturas de equilíbrio, dinâmico e econômico, do casal.

A eventualidade da ruptura

Quando, por um lado, a agressividade mútua, sem possibilidade de orientá-la ao "mundo dos outros", sob uma forma sublimada, e, por outro lado, o desinvestimento do parceiro, se agravam, eles culminam, gradual ou brutalmente, na separação dos dois parceiros, portanto na ruptura de seu casal, o que dá testemunho do triunfo da pulsão de morte. Donde o necessário questionamento sobre as determinações dessa ruptura.

Elaboração de um questionamento e de uma reflexão sobre a separação e a ruptura

Em uma perspectiva psicanalítica, algumas questões preliminares e fundamentais se impõem:

Que significa o desejo de "se separar", depois "se separar", para os parceiros conjugais? De fato, nós nos separamos de quem, do que e por quê? Do parceiro, do casal, do objeto amoroso e do objeto-casal?

Convém diferenciar dois tipos de objetos de separação: a do objeto amoroso e a do objeto-casal.

O trabalho de casal requerido de cada parceiro engaja-se na manutenção em vida do casal, o que pressupõe, por um lado, sua durabilidade e, por outro, sua vitalidade psíquica, afetiva e fantasística, portanto a preeminência de Eros. Ao contrário, sua extinção progressiva e/ou sua ruptura daria testemunho de um fracasso do trabalho de casal e do triunfo da pulsão de morte. A economia da imbricação pulsional se revela central.

Consideremos a separação do parceiro levando à ruptura conjugal.

O casal e o trabalho de casal serão objetalizados pelo Eros dos dois parceiros. Ao contrário, a função desobjetalizante da pulsão de morte contribuirá, pelo desligamento e pelo desinvestimento, para atacar o trabalho de casal de cada parceiro, conduzindo a seu fracasso, se a relação quantitativa estiver a seu favor; o que se manifestará por múltiplos sofrimentos, até mesmo por uma separação dos dois parceiros e pela consequente ruptura conjugal.

Separação do parceiro conjugal ou do objeto amoroso

O que é propriamente esse objeto amoroso? O que ele representa no mundo interior, fantasístico, do sujeito?

Lembremos que o *objeto amoroso* é caracterizado pela sua historicidade e pelo trabalho de sua escolha específica, em referência a um ou mais objetos fantasísticos de origem pré-genital, objetos materno e paterno.

Assim, poderíamos articular a escolha de objeto amoroso, e suas determinações psíquicas, com o desejo de se separar dele.

Por que se separar dele?

Já sabemos que o objeto amoroso deve satisfazer um certo número de necessidades, desejos e esperas – de natureza narcísica, pré-genital e genital – e ajudar o ego do sujeito a reforçar seu sistema defensivo. Enquanto objeto interno, ele deve, decerto, realizar certas funções no seio do ego do sujeito. Preenche-as sempre?

Colocam-se então algumas questões: a das relações econômicas entre satisfações e frustrações, tensões de desprazer, até mesmo sofrimentos; mas também a da mobilidade da economia libidinal de cada um dos parceiros – entre investimentos narcísicos e objetais, heterossexuais e homossexuais –; assim como a da economia da imbricação pulsional entre Eros e pulsão de morte.

Em suma, o sujeito encontra sempre mais benefícios do que insatisfações com seu parceiro ou não?

De resto, esse objeto amoroso já satisfez total ou parcialmente os desejos e esperas? Em caso afirmativo, como compreender uma evolução rumo a insatisfações? Tratar-se-ia de uma evolução pessoal de cada um, comportando mudanças tanto em suas próprias necessidades e esperas, portanto em sua economia psíquica, quanto nas respostas oferecidas pelo parceiro?

A evolução psíquica de cada um vai fatalmente contribuir para desestabilizar o equilíbrio econômico e dinâmico do casal, por suas crises pessoais e pela reativação de conflitos, em particular.

Ruptura do casal e separação de seu representante intrapsíquico, o objeto-casal interno

O objeto-casal se torna um novo objeto interno estabelecendo relações de conflitualidade, por um lado, com o objeto externo, a realidade conjugal e, por outro lado, com a representação mnésica infantil do casal parental real e com o objeto casal idealizado. Relações de comparação e de avaliação qualitativas estarão em ação e vão gerar tensões no seio do ego de cada parceiro e entre os dois parceiros.

No nível grupal, a separação dos dois parceiros, levando à ruptura do casal, representa uma ruptura do *contrato narcísico conjugal*. Os fundamentos narcísicos do casal são então recolocados em questão e o conflito fundamental entre as exigências narcísicas de cada parceiro e as do casal retornarão.

Esse contrato tinha se tornado um pacto narcísico destrutivo para um dos parceiros, e por isso a economia psíquica evoluiu a ponto de ser preciso separar-se?

Do mesmo modo, opera-se uma ruptura de alianças defensivas e ofensivas. As alianças defensivas se tornaram inúteis ou patógenas, perversas ou alienantes para um dos parceiros ou para ambos?

Que papéis poderiam desempenhar as representações do casal parental de cada um dos parceiros?

Quando se realiza uma ruptura de seu casal, trata-se exclusivamente de seu próprio casal ou não haveria também um ato de ruptura fantasística do casal parental intrapsíquico sustentado por uma fantasia infantil inconsciente de separar os pais, portanto de atacar, de destruir seu casal erótico, em relação com uma cena primitiva insuportável, pois demasiado excitante, até mesmo sádica, mas também excludente, em relação com o fracasso edipiano e suas feridas narcísicas correlatas?

Essa fantasia pode estar viva em cada um de nós e, uma vez ativada, acompanha-se tanto de uma satisfação inconsciente, tendo valor de revanche e de triunfo reparador no plano narcísico, quanto de um sentimento de culpa inconsciente.

Consequentemente, formar um casal para rompê-lo posteriormente, talvez seja também destruir o casal parental interno, vivido como um objeto interno perseguidor que é preciso aniquilar.

Assim como escolhemos nosso parceiro conjugal e construímos nosso casal com nossas próprias representações parentais carregadas de afetos, privilegiando algumas, nós igualmente nos separamos "delas", ou no separamos de algumas delas para escolher outras, quando da eventual construção de um novo casal.

Assim, a relação de cada parceiro com suas próprias representações parentais participará do destino de seu casal.

Todavia, os dois parceiros podem se encontrar em torno de uma fantasia, comum e compartilhada, de criar um casal melhor do que o de seus pais, que se torna então uma realidade externa e interna, mas esta pode então ser fonte de um sentimento de culpa inconsciente que se manifestará por uma necessidade de punição que se exprime por um fracasso do trabalho de casal e por uma ruptura aliviadora no plano inconsciente.

E quanto ao casal amoroso que se tornou parental?

A ruptura de um casal parental se inscreve no quadro da conflitualidade estrutural entre o casal e a família, determinando a existência de casais "antifamília" e de famílias "anticasal", sendo, pois, portadora de movimentos destrutivos entre esses dois termos antagônicos.

Nessa situação, a unidade familiar é ameaçada, seus laços serão destruídos, os filhos sofrerão e o casal será responsável por isso. Isto gera ainda mais culpa para os pais porque o casal parental prevalece sobre o casal amoroso. É por isso que seu fracasso é ainda mais violento.

Nesse contexto crítico e doloroso, cada parceiro se identifica com seus filhos e sofre por e com eles, o que reativa então suas próprias feridas engendradas pela separação real ou fantasística de seus próprios pais.

Percebe-se assim que o ideal de uma família unida é bem mais investido do que o de um casal amoroso. Por quê? É a criança edipiana que há em nós que se sentiria culpada de investir com prioridade em seu casal amoroso, em razão de sua significação historicamente transgressiva, em vez de seu papel parental e na família, e, pois, nos filhos.

Uma outra questão deve ser considerada: aquela relativa a uma diferença de gêneros entre os homens e as mulheres confrontadas à separação efetiva dos parceiros como à ruptura conjugal. Essa questão pode se colocar, por exemplo, em termos de nível e de qualidade de investimento no trabalho de casal de cada um e, mais globalmente, em termos de economia pulsional e de distribuição diferenciada dos objetos de investimento em cada parceiro, entre o ego, o objeto amoroso, o objeto-casal e os objetos que pertencem ao "mundo dos outros", notadamente o objeto-trabalho, os filhos, os amigos e as atividades de lazer, em particular.

Que dizer do sofrimento inerente à separação e à ruptura conjugal?

Ele certamente é múltiplo e não é feito apenas de uma satisfação inconsciente, quando correlato a um ataque fantasístico inconsciente do casal parental intrapsíquico, como vimos.

Para uma melhor compreensão, conviria distinguir o sofrimento inerente à separação do objeto amoroso e aquele ligado à ruptura conjugal.

Com efeito, o objeto amoroso é investido de um modo essencialmente ambivalente. Ao passo que o objeto-casal receberá sobretudo um investimento narcísico e homossexual sublimado, da parte dos dois parceiros.

Assim, quando de uma separação, a componente hostil da ambivalência com relação ao objeto amoroso é também plenamente liberada, participando de um movimento de desunião pulsional entre Eros e as pulsões de destruição. Além disso, certas conflitualidades estruturais, componentes dinâmicas essências da relação intersubjetiva, exacerbam-se, assim como o recalcado e o clivado retornam à consciência. Há modos de relação de objeto, tal como o ordem sádico-anal, que predominam e as virtualidades psicóticas da relação, notadamente de tipo paranoide, se exteriorizam determinando movimentos projetivos grandes e violentos, e o objeto amoroso se torna então um perseguidor ao mesmo tempo interno e externo, que ameaça a economia e a dinâmica do ego. Assim como se manifesta em cada um uma experiência de destruição do mundo interno e de fracasso narcísico. Tudo isso participa do sofrimento, mas se revela igualmente, em uma certa medida, necessário para realizar a operação da separação. Com efeito, *toda separação necessita da mobilização de moções pulsionais destrutivas de cada parceiro para romper esses laços intersubjetivos.*

Por outro lado, a ruptura conjugal com a perda correlata do objeto-casal é bem mais dolorosa pelo fato de seu grande investimento narcísico, "perde-se uma grande parte de si mesmo", então tornado mau e ameaçado, mas que permanece parcialmente idealizado, e o trabalho de luto será tanto mais difícil e doloroso. A função do Ideal conjugal é igualmente atacada e o retorno do recalcado e do negado-clivado pode causar estragos consideráveis.

Terminaremos esse questionamento com uma última interrogação, para a qual propomos um início de resposta.

O trabalho de separação

Em uma perspectiva econômica, trata-se de uma situação traumática de perda, tanto do objeto amoroso quanto do objeto-casal.

Esse trabalho de luto deverá assim consistir em uma aceitação da realidade dolorosa da separação e da ruptura, portanto dessa dupla perda – tanto "deste" objeto amoroso escolhido quanto "deste" objeto-casal –, vivida como uma destruição, tanto pessoal, narcísica e objetal, quanto grupal-conjugal, o que comportará necessariamente um desapego-desinvestimento pulsional mobilizando moções pulsionais destrutivas. Isso permitirá, por um lado, a cada um dos parceiros separados, operar um reinvestimento narcísico de seu ego – participante também da restauração de uma dinâmica e de uma economia bem mais satisfatória, bem como de uma reconstrução de seu mundo de objetos internos – e, por outro lado, poder investir libidinalmente "novos objetos", como um novo objeto de amor. Enfim, se o casal é parental, esse trabalho deve poder apaziguar a relação a fim de torná-la vivível, o que está a serviço do conforto de seus filhos mais também de intercâmbios entre "bons pais", menos ambivalentes e livres de questões narcísicas.

Notemos que esse trabalho pode se apoiar em um relativo bom investimento de objetos do "mundo dos outros", protetor em relação a perigos depressivos, por exemplo o objeto-trabalho e seu ambiente, os filhos, o círculo dos amigos íntimos e as atividades de lazer, por exemplo.

Todavia, a separação de seu parceiro e a ruptura conjugal podem ser nitidamente benéficas, até mesmo salvadoras, dando muitas vezes testemunho de um progresso psíquico em um dos parceiros, após um esforço considerável que permite enfim livrar-se de alianças defensivas alienantes ou perversas. Esse parceiro em sofrimento realiza então um verdadeiro progresso maturativo conquistando assim sua autonomia.

Muitas vezes, essa separação se revela possível graças a um trabalho analítico individual.

Pararemos aqui e abordaremos a segunda parte de nosso desenvolvimento, o trabalho com casais.

PARTE II

TRABALHO COM CASAIS

Algumas considerações introdutórias

O trabalho psicanalítico com casais é um exemplo de *transposição* (Donnet, 2005), de *transferência* (Roussillon, 2008), um dos campos da "psicanálise aplicada", que recebe o método geral oriundo do tratamento individual (Anzieu, 1975; Kaës, 2015).

Essa *transferência* produzirá assim o estabelecimento de um dispositivo analisante, de um "lugar analítico" (J.-L. Donnet) para o casal que se tornará um "objeto analítico específico". Mas essa *transferência*, como nos sugere R. Roussillon, é também a de um princípio de escuta: estaremos atentos tanto à associação livre de cada parceiro, que nos revelará seus laços intrapsíquicos, quanto à associação livre que circula entre os dois parceiros, revelando-nos ao mesmo tempo a dimensão intersubjetiva e grupal de seus laços.

Além disso, essa situação analítica grupal em que os membros podem se ver e ver o analista induz um tipo de regressão específica e particularidades do processo transferencial, do que resultam algumas especificidades dos modos de escuta, de intervenção e de interpretação.

Por conseguinte, ser psicanalista de um casal terá semelhanças e diferenças com um paciente em um tratamento padrão, ou mais de perto, com um paciente face-a-face, mas também com um grupo.

Anzieu[1] (1975) enuncia três tipos de regras que guiam sua abordagem psicanalítica com grupos:

- as que fundamentam uma abordagem de pensamento psicanalítica;
- as que permitem instaurar um processo psicanalítico;
- as que comandam a interpretação psicanalítica nessa situação.

Podemos nos inspirar nisso para estabelecer as bases de nosso trabalho psicanalítico com casais.

Assim, em uma situação com um casal, instituída segundo um modelo psicanalítico por um psicanalista tendo uma abordagem de pensamento psicanalítica, pode-se efetuar um trabalho de natureza psicanalítica nos pacientes e no analista.

Com efeito, o que fundamenta nossa abordagem psicanalítica de pensamento consiste em nos representar a realidade psíquica conjugal, consciente e inconsciente, como estando constituída por três níveis estrutural-funcionais articulados e interdependentes: individual-intrapsíquico, intersubjetivo e grupal, cada qual comportando seus organizadores, suas formações, suas conflitualidades dinâmicas e seus aspectos econômicos.

As regras que permitem instaurar um processo psicanalítico são as duas regras fundamentais de não-omissão ou associação livre e de abstinência que devem ser manejadas em função das particularidades de cada casal.

Enfim, alguns princípios guiarão a interpretação psicanalítica nessa situação específica com os casais.

Para nós, essa situação analítica grupal vai determinar certas características da transferência, diferentes daquelas do dispositivo individual, e que conduzirão a um trabalho interpretativo específico:

---

1 *Op. cit.*

- a primeira é uma transferência individual de cada parceiro para com o analista;
- a segunda é uma intertransferência ou transferência lateral dos dois parceiros entre eles, constituindo uma neurose intertransferencial;
- depois, uma transferência do casal, enquanto grupo, para com o analista;
- enfim, uma transferência de cada parceiro e do casal para com o *grupo terapêutico* formado pelos dois parceiros, pelo casal e pelo analista. Esse novo "objeto" que constitui o grupo terapêutico será investido como objeto libidinal e fantasístico, por parte de cada qual e pelo casal, ao passo que será um dos objetos da contratransferência do analista.

Bem mais tarde, Kaës (2015) caracterizará igualmente o dispositivo psicanalítico de grupo e o trabalho que ele permite; isso nos ajuda ainda mais a refletir sobre alguns princípios e modalidades do nosso trabalho.

> *A teoria dos três espaços da realidade psíquica e o modelo do aparelho psíquico global formam o enquadro metodológico e metapsicológico de uma concepção complexa da transferência, dos processos associativos, da escuta e da interpretação nos grupos.*
>
> *As configurações transferenciais em situação de grupo, as correlações entre os objetos da transferência, as particularidades do processo associativo e da interdiscursividade determinam um processo de trabalho psíquico específico nas suas modalidades e nos seus resultados*[2].

---

2 *Op. cit.*, *L' extension de la psychanalyse*, p. 185.

Voltaremos a esse ponto mais tarde, no capítulo 3, dedicado especificamente às modalidades de nosso trabalho com casais.

Antes, exporemos, em um primeiro capítulo, as diversas circunstâncias de consulta e depois, no capítulo 2, as características das entrevistas preliminares desde o contato inicial até à apresentação do enquadre analítico ao casal consultante.

1. Os casais em sofrimento e as circunstâncias da consulta

Através da mídia que os informa sobre a existência de diversos auxílios conjugais (aconselhamento conjugal, sexólogo, consulta de "psi", diversas terapias), os casais se consultam cada vez mais jovens, e cada vez mais cedo, em sua história como casais, sobretudo por iniciativa da mulher, "guardiã da qualidade da vida conjugal". Os principais motivos são múltiplas insatisfações, fases pessoais e conjugais críticas, conflitualidades estruturais exacerbadas por acontecimentos e períodos críticos.

Evoquemos mais precisamente as seguintes situações.

A relação entre os dois parceiros é vivida como insuficiente, difícil, complicada e até mesmo bloqueada, e eles sofrem por isso

Eles dizem que não se entendem ou que já não se entendem. Assim que começam a conversar, acabam confrontando-se violentamente. Essa seria uma maneira "sintomática" de operar um necessário distanciamento entre eles, que são assim protegidos de suas temidas aspirações simbiótico-fusionais latentes, conforme o ponto de vista de

Lemaire[1] (1998)? Com efeito, não se comunicar, não se compreender, discutir, isso permite limitar a densidade da relação, potencialmente perigosa e despersonalizante.

> *Martina*, 35 anos, e *Luís*, 40 anos, vieram consultar-me devido aos ataques de raiva dele, que perturbam consideravelmente sua vida de casal, tornando-se então um objeto de conflito conjugal e um revelador de conflitos latentes.
>
> O casal tem dez anos de existência. Contudo, eles vivem juntos há oito anos e se casaram há apenas dois anos.
>
> Os dois trabalham muito e aproveitam pouquíssimo seu tempo livre. De fato, Martina se queixa de que Luís volta tarde todas as noites, que eles não se divertem e que só raramente saem juntos, e sobretudo que ele é reservado, falando insuficientemente de seus dias, de seu trabalho, do que ele sente, simplesmente. Em suma, ela se queixa das trocas verbais deles, muito pobres e insatisfatórias.
>
> Luís explica que, depois de seu longo dia de trabalho, precisa de um tempo de silêncio, correspondendo a uma necessária tomada de distância, tanto para com esse trabalho tão absorvente psiquicamente, quanto para com sua mulher. É um tempo de restauração psíquica. Além disso, ele avalia que o trabalho não deve penetrar em seu espaço privado. Existem tempos e espaços diferentes e que devem ser diferenciados, separados, sem contaminação possível. Ele vê os questionamentos de sua mulher como intrusivos e suas exigências são invasivas. Daí porque ele deve proteger-se desses perigos por uma tomada de distância efetuada sobretudo por seus silêncios.
>
> De fato, as exigências de sua mulher lhe evocam as da mãe da infância dele, expressas frequentemente de um modo diretivo e

1 Lemaire, J.-G. (1998). *Les mots du couple*. Payot.

autoritário. Sua mulher representaria então uma figura transferencial materna perigosa, da qual é preciso proteger-se. Martina vê e interpreta o silêncio de Luís como uma rejeição, uma falta de interesse por ela, um abandono, reativando o desinvestimento e o abandono traumático que o pai lhe infligiu quando ela era criança. E que teria sido igualmente vivido por sua mãe, com quem a "pequena Martina" se identifica nessa dolorosa situação. Além disso, ela reencena com Luís sua necessidade de estabelecer uma relação simbiótico-fusional, a que viveu com sua mãe.

Finalmente nós compreendemos que os ataques de raiva de Luís exprimem sua impossibilidade de dizer a Martina, por medo de magoá-la, a sua necessidade de permanecer um pouco só e silencioso na sua presença, mas também a pressão pesadamente sentida pelas expectativas dela que ele imagina. Com efeito, ele teme que ela interprete isso como um abandono, um desinteresse, e que então reaja agressivamente. Então, ele se segura, se contém, e então, depois de um certo tempo, em uma situação trivial, ele explode!

Nosso trabalho de reformulação, de verbalização desses afetos, dessas fantasias e nossas interpretações permitiram esclarecer e corrigir as suas mútuas projeções patogênicas, permitindo reduzir consideravelmente a frequência e a intensidade desses ataques, tornando-os desde então inúteis. Isso abriu uma via para a verbalização de conflitos latentes e de não-ditos, protegidos e postos à distância pelo sintoma manifesto "ataques de raiva de Luís".

No plano da vida erótica

Pode tratar-se de uma perda do desejo e de toda forma de sedução, mas também de certas formas de sofrimento (frigidez, dispareunia na mulher, impotência e ejaculação precoce no homem) frequentemente apresentadas com culpa de um dos parceiros. Elas podem assim representar uma outra forma de limitação da densidade da relação e seus riscos fusionais vividos em uma união sexual satisfatória.

Beatriz, 40 anos, e *Marco*, 43 anos, estão casados e vivem juntos há quinze anos. São pais de duas filhas, de 12 e 10 anos de idade.

Nós já os apresentamos anteriormente, para ilustrar as formações conjugais de compromisso e a função fórica, no capítulo 5 consagrado ao nível grupal.

Uma outra situação frequente provém da forma conflitual permanente ou muito recorrente de sua comunicação

Se esse modo de relação conflitual pode ser apreendido como um sintoma, uma formação de compromisso, uma reação mútua de afirmação narcísica e identitária, ajudando no reforço das fronteiras psíquicas ameaçadas dos parceiros, porque são insuficientes (Lemaire[2], 1998), para mim esse modo conflitual exprimiria "ruidosamente" as conflitualidades estruturais entre ego / objeto amoroso, identidade / alteridade, narcisismo / objetalidade, e entre masculino / feminino, notadamente.

Por outro lado, evoquemos igualmente em certos sujeitos uma necessidade de busca constante de conflitos com seu parceiro, o que esconde frequentemente uma dimensão paranoide, em uma tentativa de se desvencilhar de sua angústia persecutória invasiva.

Thomas, 32 anos, e *Claire*, 25 anos, se separaram temporariamente para fazer um balanço, antes de virem me consultar.

Há conflitos demais entre eles, queixas e acusações demais, muitos mal-entendidos.

---

2 *Ibid.*

"Thomas", diz Claire, "é passivo demais em casa, não decide nada, não se ocupa de nada. É como uma larva largada no sofá assistindo televisão. É tirânico, impondo-me roupas do seu gosto, bastante sensuais, sem levar em conta o meu".

Além disso, Claire se queixa por organizar sozinha o conjunto da vida doméstica, e gostaria que Thomas tomasse algumas iniciativas. Ela também se queixa da falta de trocas verbais entre eles, tendo ela própria de alimentar as conversas. Ele se comporta como uma criança com ela, enquanto que ela precisaria de um homem no qual confiar. Ele reconhece isso prontamente, mas não pode fazer muito.

No ano anterior, eles decidiram se casar para tentar salvar seu casal então instalado em um estado de crise permanente. Nada mudou. Na verdade, foram seus respectivos pais que se encarregaram de organizar o casamento, o que os fez se sentirem privados de "seu" casamento. Além disso, foram os pais de Claire que lhe compraram um apartamento, no qual os dois vivem, e Claire o decorou segundo suas preferências. De resto, ele não se sente verdadeiramente em casa.

Eles se conheceram em uma festa de amigos, ele tinha então 26 anos, engenheiro, e Claire, mal tendo completado 19 anos, estava no primeiro ano de uma escola de *design*. Ela foi imediatamente seduzida pela imagem que ele representava para ela, pelo personagem que ele encarnava, o "príncipe encantado" que ela esperava. Foi amor à primeira vista para os dois. No início da história deles, ele conta que a admiração de Claire a seu respeito o tornava todo-poderoso, invencível, inabalável. Ao passo que Claire sentiu muito rápido o desejo de lhe dedicar a vida. Eles foram morar juntos, pouco tempo depois, graças à compra de um apartamento realizada pelo pai de Claire, que vivia até então em uma quitinete. Uma rotina da vida cotidiana, suportável no início, vai rapidamente invadi-los. Depois Thomas vai encontrar algumas dificuldades profissionais que farão com que ele duvide de seu valor, de suas competências. Ele não poderá falar disso com Claire, que deve conservar absolutamente uma bela imagem dele como homem forte instalado exclusivamente no sucesso. Ele foi então seduzido por uma jovem empreendedora no seu local de trabalho, e se seguiram trocas por SMS cada vez mais "amorosas" que Claire descobrirá por acaso. É um trauma para ela e para seu casal. Alguma coisa definitivamente se *quebrou* entre eles: a confiança absoluta de Claire em Thomas e o sentimento de onipotência de Thomas.

A partir de então, Claire jamais terá confiança nele, e Thomas não poderá mais se livrar de um sentimento de culpa que se tornará insuportável ao longo dos anos. De fato, ele se vê como um "mau menino" que jamais satisfez as expectativas e exigências de seus pais, à exceção dos resultados escolares. Caçula da casa, ele muito cedo se rebelou contra eles, diferentemente dos irmãos mais velhos. Então esse "mau filho" vive sempre com essa imagem dolorosa de si mesmo. O encontro com Claire foi, desse ponto de vista, "terapêutico", pois ele não se via mais como "mau" e sim, subitamente, tinha se tornado "bom". No entanto, essa crença inconsciente tenaz ressurgirá quando dessa história de sedução extraconjugal.

Assim, as acusações de Claire reativam essa representação do "mau menino" que não faz o que se espera dele. Quanto a Claire, a passividade de Thomas e sua ausência de investimento na vida conjugal deles reativa o abandono por seu pai, devido a suas múltiplas viagens profissionais, que ela viveu de um modo traumático. Ela ficava sozinha com sua mãe por semanas, fechada em uma relação dual alienante, sufocada por suas exigências, suas solicitações mortíferas e dessubjetivantes. Daí porque, em presença de Thomas, ela revive, de uma outra maneira, o abandono traumático que o pai lhe infligira, de modo recorrente, durante seus dez primeiros anos de vida. Tendo pensando e esperado, no início de sua história conjugal, poder "tratar" e "reparar" suas feridas precoces juntos, na presença um do outro e no seio do casal, eles na verdade só fizeram reativá-las. É de fato um fracasso de seu trabalho de casal.

Além do mais, essas acusações e queixas determinam conflitos que não são senão exacerbações de algumas de suas conflitualidades estruturais no quadro de movimentos intertransferenciais: em particular entre identidade / alteridade, narcisismo / objetalidade e masculino / feminino.

Identidade / alteridade: não há verdadeiro reconhecimento e aceitação, de ordem psíquica, da alteridade do outro, de suas diferenças com relação a si mesmo, apesar de um reconhecimento de ordem intelectual, pelo discurso. O outro não é verdadeiramente um objeto edipiano, mas sim concebido como um objeto parcial pré-genital. Ele não é aceito em sua totalidade, em suas singularidades e suas especificidades, assim como em suas dificuldades. Os processos de identificação narcísica são muito acentuados nesse casal.

Narcisismo / objetalidade: há um conflito entre os investimentos narcísicos e os investimentos objetais, os do parceiro e do casal. Claire "esqueceu de si" em seu hiperinvestimento de Thomas e de seu casal, e sofre com isso porque, em retorno, não recolhe benefícios narcísicos da parte de seu marido. Já ele está centrado sobre si mesmo e sobre sua fragilidade narcísica que Claire e seu casal devem ajudar a reparar.

Masculino / feminino: se Thomas deve desempenhar um papel masculino sedutor e protetor junto a Claire, ela representa para ele sobretudo um "duplo narcísico feminino" que ela deve continuar sendo, segundo seu próprio desejo. É uma maneira de satisfazer, no plano fantasístico, seus desejos femininos identificando-se com ela. Mas é também uma modalidade de reparação narcísica: estar orgulhoso de ter, de estar com e de mostrar a seus amigos e aos outros sua mulher tão sedutora e encantadora. É uma questão fálica muito importante. Para Claire, seus desejos femininos de sedução, de ativa passividade e de se "deixar conduzir" por seu homem, viril, empreendedor e reconfortante, não são satisfeitos. Todavia, em uma identificação a seu pai, bem com a sua mãe, mas de outra maneira, ela satisfaz seus desejos masculinos com Thomas, embora eles entrem em conflito com seus desejos femininos, o que exacerba e contribui à eclosão de conflitos conjugais.

Finalmente, tendo sua situação conjugal se agravado, e avaliando que os dois são incapazes de uma solução satisfatória, Thomas decide subitamente, de um dia para o outro, abandonar o apartamento deles, deixando para Claire uma carta com a explicação sobre sua partida.

Relação conflituosa em um casal de homens

John, 32 anos, e *Marc*, 40 anos, afora sua escolha de objeto homossexuado e sua historicidade, não exprimem diferenças fundamentais de funcionamento conjugal com relação aos casais heterossexuais. Nós encontraremos ali, em particular, a instauração / restauração de inevitáveis diferenças de gênero provenientes, em cada um dos parceiros, por um lado, de movimentos identificatórios às imagens parentais, materna e paterna e, por outro, de movimentos intertransferenciais.

Eles vieram me consultar porque estão vivendo há meses conflitos insuportáveis que os ameaçam com uma nova ruptura, o que eles não querem que aconteça. Vivem como casal há três anos e já enfrentaram curtos episódios de separação, sempre por iniciativa de Marc. Não frequentam o ambiente *gay* parisiense que eles rejeitam, em parte por sua concepção comum e partilhada da fidelidade e da exclusividade conjugais.

John se sente negligenciado por Marc e o acusa de não investir suficientemente no casal. Assim, avalia que ele está absorto sobretudo por seu trabalho, saindo muito cedo e voltando muito tarde todos os dias da semana, enquanto que no fim de semana é como "uma larva", se arrastando pelo apartamento, exprimindo certa reticência para sair e ir ao cinema, ver uma exposição ou jantar com amigos. John também se sente cada vez mais só, forçado então a assumir as principais tarefas domésticas e afetivamente carente de atenção e de ternura por parte de Marc. Sua vida erótica empobrece cada vez mais. Além disso, John exprime frequentemente alguns movimentos de ciúme com relação a relações privilegiadas de natureza "muito afetuosa", que Marc mantém com colegas próximos de trabalho, homens e mulheres. O que ele considera como em seu prejuízo, na medida em que Marc manifesta menos seu amor. Por isso ocorrem com frequência as atitudes de possessividade que Marc sente como invasivas e sufocantes.

Por sua vez, Marc se queixa de estar gradualmente aprisionado em sua relação conjugal, e controlado demais, até mesmo vigiado por John. O crescente ciúme deste o impede de ver seus amigos conforme seu desejo. Ele tem a sensação de que deve prestar contas toda vez que ousa sair sozinho, assim como, a cada noite, ele receia voltar para casa, temendo novas repreensões por seu companheiro. Isso se torna insuportável e ele está infeliz. Ele não se reconhece mais, ele que era tão jovial, loquaz, cercado de amigos, participando de reuniões festivas, lendo muito com enorme paixão. Ele se sente agora angustiado de ter de anunciar a John as reuniões noturnas ou fins de semana de trabalho, que ele se vê coagido a cancelar de tempos em tempos.

É por isso que Marc se sente completamente infantilizado por seu parceiro encarnando uma figura paterna, assim como John se vê como uma mulher negligenciada, abandonada por seu companheiro. Ambos estão em um impasse.

Ao longo de nosso trabalho, certos elementos da história pessoal e familiar de Marc e de John nos permitiram descobrir alguns movimentos intertransferenciais constitutivos de uma neurose intertransferencial em ação na construção e no funcionamento de seu casal, esclarecendo em especial seus diversos objetos de sofrimento em relação com a neurose infantil deles.

Assim, John, viveu em uma família composta de quadro irmãos e irmãs, sendo ele o mais jovem, e em que sua mãe se sentia completamente desinvestida por seu marido, principalmente engajado em seu trabalho e suas atividades extraprofissionais, feitas de lazeres, de relações de amizade e de aventuras extraconjugais. Ela assegurava a total gestão da vida doméstica e familiar. Procurou compensar a dolorosa ausência de amor de seu marido pela busca de afeto e de gratidão junto aos seus filhos, infelizmente por uma onipresença, vivida por eles como sufocante, até mesmo invasiva e intrusiva. Esse foi sobretudo o caso do jovem John, que teve de partir muito cedo de casa para se proteger. Em suma, ele viveu tanto um desinteresse paterno tendo valor de um abandono, quanto um sufocamento materno invasivo e ameaçador de sua individuação-subjetivação. Além disso, não pôde encontrar apoio estruturante e reconfortante junto aos irmãos, onde reinava uma violenta rivalidade acerca, essencialmente, dos resultados escolares, que suscitavam o único interesse de seu pai.

A partida de John do domicílio familiar foi salvadora e ele conseguiu florescer como estudante, vivendo em outra cidade. A descoberta de sua atração pelos jovens homens se fez ao longo de sua adolescência, e só depois de sua partida de casa ele pôde satisfazer seu desejo de viver histórias sexuais e sentimentais com outros homens. Isso contribuiu para construir sua identidade masculina, cujo processo foi amplamente obstruído no seio de sua família.

Contudo, sua *saída do armário* foi recebida com uma rejeição radical e maciça de seus pais e de seus dois irmãos, o que o afastou ainda mais deles. Após excelentes estudos de direito, ele decide tornar-se conselheiro jurídico em um grande banco, no qual trabalha até hoje. Viveu várias experiências de vida conjugal, mas bem insatisfatórias, pois seus parceiros praticavam a multiplicidade de parceiros, o que ele nunca tolerou. Daí suas frequentes rupturas.

Quanto a Marc, ele cresceu com um irmão mais novo e com os pais, ambos absortos pelo trabalho. Sua mãe era quase inexistente, já o seu pai, colérico e versátil, foi bem mais presente, encarregando-se de algumas tarefas domésticas. Os dois irmãos foram abandonados à própria sorte muito cedo, tendo os pais concedido a eles uma liberdade e numerosas responsabilidades. Eles aliás nunca fizeram grandes bobagens, e precisaram amadurecer muito rápido. Marc foi um excelente aluno e entrou para uma das grandes escolas de engenharia depois das aulas preparatórias. Atualmente é diretor técnico de uma prestigiosa empresa de obras públicas.

Após algumas experiências sexuais particularmente decepcionantes com jovens mulheres, ele toma consciência de seus desejos por homens desde os 18 anos de idade, e se envolve em histórias curtas e frequentes, estas também insatisfatórias, por outras razões, notadamente afetivas. Ele descobre com efeito suas enormes carências afetivas que esses homens não podem ajudá-lo a preencher. Sua *saída do armário* se fará sem nenhum problema, e seus pais, assim como seu irmão, a aceitarão com bastante compreensão.

Marc faz uso frequente de *sites* de namoro, mas, assim como John, não frequenta os ambientes *gays*. Eles se conheceram há pouco mais de três anos, por intermédio de um *site* da internet, e foi quase que um "amor à primeira vista" para ambos. Vivem um período de "lua de mel" que os levará rapidamente a decidir viverem juntos, inicialmente no apartamento de John, depois vão querer arranjar um novo espaço, escolhido, mobiliado e decorado pelos dois. Estão quase sempre juntos, e sua vida amorosa é plenamente satisfatória para os dois. Marc se desliga, por algum tempo, do seu trabalho, seus amigos, suas leituras, para se dedicar a John e ao seu casal.

Então, depois de alguns meses, um sentimento de invasão e de sufocamento toma conta de Marc, o que o angustia consideravelmente. O afastamento em relação aos seus amigos e seu relativo distanciamento de seu trabalho suscitam nele afetos depressivos. Se descobriu e ganhou algo de novo e de importante nessa história amorosa atual, toma subitamente consciência de que também perdeu alguma coisa também importante e estruturante para ele: a dedicação ao seu trabalho, seus amigos, importantes apoios, e seus lazeres. A vida de casal com John comporta então uma parte de alienação, de dessubjetivação, até mesmo de relativa despersonalização. "Ele se reconhece cada vez menos". Começa então a se afastar e a reinvestir em seus *objetos essenciais*, o que John viverá como um afastamento, depois como um abandono ao qual reagirá com acusações e com atitudes cada vez mais invasivas e possessivas. O que fará Marc fugir ainda mais para o trabalho e o silêncio.

Ao longo do nosso trabalho, descobrimos notadamente que John, por suas atitudes invasivas e possessivas, se identifica com sua mãe na relação que ela manteve com ele, quando criança e depois adolescente. Mas, por essa atitude, ele tenta também pedir o amor de Marc, enquanto representante de uma figura transferencial paterna que se desinteressava por ele. O calor afetivo e os cuidados maternos que John oferece a Marc permitem a este tentar "reparar" profundas carências maternas. Mas é excessivo. Assim também, Marc, embora se identifique por John a uma figura paterna distante e rejeitadora, identifica-se ele próprio à mãe da infância dele, praticamente ausente da vida conjugal e familiar. Ele repete então no seu casal a experiência traumática precoce que engendrou feridas narcísicas não cicatrizadas. Ele não pode satisfazer as demandas excessivas de John que se exprimem igualmente em sua vida erótica.

John se queixa também de diversas manifestações de desqualificação e de exclusão de Marc a seu respeito, sobretudo em presença de amigos. Irá tratar-se de uma forma de humor de Marc que John não compreenderá. Nesse registro, Marc toma consciência de uma identificação com seu pai, descrito como ríspido, com tendências nitidamente sádicas que podem ser disfarçadas pelo humor. Essas situações dolorosas reativam em

John a exclusão de seu pai e as desqualificações sofridas por seus irmãos mais velhos. Ele revive um sentimento de injustiça e de incompreensão.

Alguns meses de trabalho de verbalização e de circulação de afetos e de fantasias, mas também de interpretação, possibilitaram tomadas de consciência e o desvelamento de conteúdos e processos inconscientes presentes em cada qual e no seio do casal. Assim como a elucidação de certos elementos da neurose infantil deles. Contudo, Marc e John também foram expostos a resistências, individuais e conjugais, insuperáveis, segundo eles, que determinaram sua decisão de se separarem definitivamente, "com conhecimento de causa", interrompendo assim sua terapia conjunta.

Crise correlata à passagem do casal conjugal a casal parental, do casal à família

Lisa, 40 anos, e *Sylvain*, 38 anos, vivem uma grave crise conjugal que se instalou depois do nascimento de seu filho, Pierre.

Eles se conheceram já há três anos. Viveram uma "lua de mel" de alguns meses, que os fez decidirem viver juntos muito rápido, na quitinete de Lisa. Depois ela exprimiu um desejo de ser mãe, sustentado pela convicção de que tinha visto muito cedo em Sylvain o pai sonhado para seus filhos. Ele aceitou a ideia para agradá-la, mas também porque lhe era gratificante, embora não sem uma certa reticência que não pôde verbalizar, ante o entusiasmo de Lisa.

O nascimento de Pierre ocorreu um ano e meio depois que eles se conheceram. Foi uma felicidade absoluta e desconhecida até então por Lisa, que se tornou então uma mãe plena e realizada por seu filho. Eles formam juntos um novo casal, em detrimento de seu casal conjugal com Sylvain, a quem ela demandou que cumprisse seu papel de pai, a fim de formar um casal parental, respondendo à menor necessidade do filho deles. Fazendo isso, ela desertou o casal amoroso deles e Sylvain se sentiu abandonado, o que reativou nele angústias de abandono e de exclusão e uma rivalidade fraterna dolorosa com seu irmão mais novo, superinvestido por seus próprios pais.

O primeiro sintoma dessa crise conjugal, ligada à passagem do casal à família, foi o desaparecimento de todo desejo erótico de Lisa por Sylvain, visto que ela se tornou uma mãe que se realiza em uma relação simbiótico-fusional com seu filho. Seu investimento erótico na verdade se transformou e se deslocou do casal à sua maternidade e relação com seu filho. O sofrimento de Sylvain se exprime por acusações, uma hostilidade crescente acerca de aspectos da vida doméstica. Já Lisa o acusa de não participar suficientemente da vida da casa, fazer as compras, cumprir certas tarefas, que ela então deve assumir sozinha.

Ante essa situação desastrosa, ele decidiu investir-se cada vez mais em sua atividade profissional e em seus lazeres, alguns dos quais ele não compartilha mais com Lisa.

De fato, esse modo de investimento da maternidade, em Lisa, responde a uma necessidade de mostrar à sua mãe que ela não é mais a garotinha caprichosa, imatura, irresponsável como foi tantas vezes rotulada, mas que é capaz, ela também, de ser uma mulher por direito próprio, ou seja, em primeiro lugar uma mãe e, além disso, bem melhor que sua própria mãe. A questão edipiana era, portanto, primordial em Lisa. Já Sylvain vive pela segunda vez um trauma, o primeiro tendo sido infligido por sua própria mãe quando lhe impôs um irmãozinho, quando ele tinha apenas dezoito meses. Essa trauma do nascimento desse seu irmão será então reativado pelo nascimento de seu filho, acompanhado do hiperinvestimento de sua mulher transformada em uma mãe exclusiva.

Por trás do desejo gratificante de se tornar pai, escondia-se seu desejo latente de permanecer o filho preferido de sua mãe e de formar um casal durável com ela, sob o risco de enfrentar a ameaça de castração de seu pai.

As violências conjugais, físicas e / ou psíquicas

Elas devem nos interrogar sobre sua significação intertransferencial e sua dimensão tanto fantasística, inconsciente, quanto de descarga de excitação desprovida de todo conteúdo representativo.

Corinne, 38 anos, e *Luc*, 40 anos, vivem juntos há dez anos. São pais de uma criança de 6 anos, Paul. Não conseguem mais conversar sem se agredir, e suas interações se acompanham de acusações violentas e de mútua desqualificação permanente que os exaurem a ponto de considerarem uma separação. Mas que eles não conseguem realizar. Por outro lado, nunca houve violências físicas entre eles.

Nosso trabalho nos permitiu descobrir, ao longo das sessões, alguns aspectos intertransferenciais de sua violência conjugal e as representações inconscientes subjacentes, inerentes à sua história infantil pessoal, ou seja, certos elementos de sua neurose intertransferencial em parte constitutiva de seu casal.

Corinne viveu no seio de uma família "alargada" muito barulhenta, com muita gente (tios e tias, primos, amigos) que vêm e vão, pouca intimidade, e pais que vivem juntos, mas relativamente independentes um do outro. Seu pai era bastante terno com ela – o que ela interpretou como uma forma de sedução sustentada por uma fantasia incestuosa inconsciente –, embora fosse também bastante firme e exigente, ao passo que sua mãe foi particularmente depreciativa, desqualificadora, até mesma abusiva psiquicamente. E, todavia, essa garotinha admirava sua mãe, investida de uma onipotência, mas infelizmente arrogante e demasiado distante. Como se desenvolver enquanto mulher diante de uma tal mãe? Só acontecimentos somáticos podiam lhe permitir captar a sua atenção e seu interesse, ao preço de se colocar em perigo, para que sua mãe se dignasse enfim a lhe dedicar um pouco de tempo.

Quanto a Luc, ele cresceu em uma atmosfera familiar mortífera, marcada pelo tédio, pelo quase silêncio de seus pais e pelo rigor da disciplina. Sua mãe, muito cedo desinvestida por seu marido, se dedicou inteiramente aos seus dois filhos de um modo invasivo, até mesmo vampirizante.

Seu pai organizava as atividades da vida familiar de uma maneira muito ritualizada, mas se interessava muito pouco por sua mulher e seus filhos. Ele é descrito como um homem duro, severo, que frequentemente repreende e desqualifica sua mulher e seus filhos. Em casa, os filhos não conversavam e ninguém se interessava pelo que eles pudessem sentir ou pensar. Além disso, Luc se descreve como tendo sido uma criança fóbica com relação ao mundo extrafamiliar, exterior, não tendo amigos.

O encontro com Corinne foi benéfico, até mesmo "terapêutico", pois ela lhe trouxe a vida da qual tanto sentia falta, embora com alguns excessos. Além do mais, ela teve para ele um papel contrafóbico, o qual ele precisava para enfim afrontar o mundo e frequentá-lo com menos perigo. Por meio dela, Luc pôde conhecer muita gente, por ela gostar de organizar refeições com os amigos, saídas, viagens, correndo o risco de também o invadir e exaurir. Ele a repreende por isso.

Ao conhecer Luc, Corinne pôde conter um pouco seus excessos de vida que se exprimiam por uma hiperatividade de tipo hipomaníaco, dispersiva e exaustiva, que a colocava às vezes em perigo. Assim também, ela encontrou nele um homem confiável, estável e protetor. Por outro lado, ela recuperou uma figura transferencial materna por suas atitudes desqualificadoras e abusivas, tanto mais frequentes porque Luc sente um afastamento de Corinne, então investida em suas múltiplas atividades, como em suas conversas telefônicas com suas amigas. Ele vive isso como um abandono materno. Na verdade, ele não viveu isso com sua mãe, que era inteiramente dedicada aos dois filhos. Ele precisa de uma atenção exclusiva de Corinne para continuar a se sentir existindo. Mas, quando Luc agride verbalmente Corinne, ele se identifica ao pai de sua infância e reencena a violência verbal que seu pai lhe infligiu, vivida então de um modo traumático. Assim como vive as múltiplas atividades organizadas por Corinne com um sentimento de confinamento e sufocamento, o que tinha já vivido, quando criança, com seu pai. Daí a identificação em Corinne de outra figura transferencial, esta paterna, no inconsciente de Luc. Assim também se descobrirá a repetição intertransferencial de uma rivalidade fraterna, com cada um deles reencenando, no casal, sua relação feita de violências com o irmão caçula deles.

De fato, essa violência verbal e psíquica mútua terá igualmente por função evitar toda aproximação conjugal sob o modo da ternura, que tem uma significação diferente para cada qual. Na verdade, embora seja conscientemente procurada, ela significa no imaginário inconsciente de Luc o perigo de ser absorvido por Corinne, até mesmo vampirizado, como ele o foi pela sua mãe. Ao passo que, para Corinne, a ternura tem antes uma dupla significação inconsciente: a de uma satisfação interdita, pois ela não merecia, segundo sua mãe, a menor ternura, mas um afastamento e desqualificações; a de uma perigosa aproximação incestuosa com seu pai, que ela poderia então viver na transferência paterna com Luc. Por outro lado, a aproximação sob o modo dessa forma de violência é "mais suportável" no plano inconsciente para ambos.

Definitivamente, essa forma de violência conjugal nos aparece como uma formação neurótica intertransferencial muito custosa que foi criada e estabelecida por Corinne e Luc, no quadro de uma aliança inconsciente defensiva, tanto para se proteger quanto para satisfazer certas correntes psíquicas inconscientes conflituosas.

A aventura extraconjugal ou "acting extraconjugal" por um dos parceiros: fator de crise e / ou sintoma crítico?

Isso pode surgir em diferentes momentos da história do casal, no homem e / ou na mulher. Procuraremos certamente a existência de uma sobredeterminação.

Alice, 42 anos, e *Jean*, 55 anos, vieram me procurar em uma situação de intenso sofrimento, porque Alice se envolveu em uma relação extraconjugal que se tornou insuportável para Jean.

Eu desenvolverei essa situação a seguir, no capítulo 3, consagrado aos aspectos técnicos do meu trabalho.

A existência de um sintoma em um dos parceiros, perturbando o funcionamento conjugal

Citemos a depressão e outros transtornos psicopatológicos, transtornos de conduta (álcool, droga), uma doença somática mais ou menos grave, notadamente.

Judith, 35 anos, e *Albert*, 38 anos, foram apresentados anteriormente, para ilustrar as diversas modalidades de escolha do objeto amoroso.

A presença de um sintoma em um filho do casal

Esse sintoma apresentado pelo filho pode estar ligado a um sofrimento do funcionamento parental. Assim, movimentos hostis podem se deslocar do casal parental para o filho, protegendo a idealização mútua deles e evitando a expressão de uma ambivalência insuportável. Pode-se às vezes compreender a patologia ruidosa de um adolescente como um meio de provocar cuidados parentais (Lemaire[3], 1979).

Nicole, 45 anos, e *Pierre*, 50 anos, são pais de Lisa, 16 anos, e de Maxime, 14 anos. Sua vida conjugal se tornou praticamente

3 *Op. cit.*, *Le couple, sa vie, sa mort.*

inexistente há vários anos, e seu funcionamento parental é conflituoso. Seus filhos sofrem consideravelmente por essa situação e exprimem isso cada qual à sua maneira: Lisa a manifesta por um desinvestimento gradual de sua escolaridade, levando a resultados medíocres muito inquietantes, enquanto que Maxime se mostra pouco falante, até mesmo se instala em um silêncio, interiorizando seu sofrimento e sua hostilidade dirigida contra seus pais. Ele então se isola no seu quarto imediatamente após a refeição feita em família, fuma um baseado e "se imerge" nos videogames nos quais se "viciou".

Nicole e Pierre estão muito absortos em seu trabalho. Não têm mais vida erótica conjugal há muito tempo e dormem em quartos separados. Nicole verbaliza com mais facilidade o seu sofrimento do que Pierre, que prefere adotar um discurso factual, muito secundarizado. Nicole sempre desempenhou o papel de organizadora da vida conjugal e familiar, estimuladora, empreendedora, exprimindo os desejos para o casal, como as emoções e as inquietações.

Ela acusa Pierre, de maneira recorrente, de não se interessar por ela e pelos filhos, portanto de não cumprir seu papel de marido-amante e de pai, e de só pensar em si mesmo, de viver solteiro em casa, encarregando-a assim de toda a vida doméstica. O que ele contesta. Além de seu sofrimento conjugal, ela sofre por seus filhos, e se sente culpada de infligir a eles uma tal dor. A imagem do casal que ela lhes oferece lhe é insuportável, ainda mais por ela ter vivido isso, de um outro modo, no seio de sua própria família, pois ela igualmente sofreu graves e longos conflitos parentais. Esse trauma da infância se repete com seus próprios filhos. O que não é o caso de Pierre, cuja história pessoal é bem diferente, sem conflitos parentais notáveis, com muita independência desde muito jovem.

Pode também se tratar de uma relação conflituosa em um novo casal no seio de uma família recomposta

Mireille, 45 anos, mãe de Paula, 18 anos, e *Simon*, 48 anos, pai de Loïc, 19 anos, vivem uma relação muito conflituosa há vários anos.

Ambos divorciados e pais de um filho, eles se conheceram pouco depois de suas respectivas separações, seus filhos tendo então pouca idade. Rapidamente decidiram viver todos juntos. Depois Mireille exprimiu um desejo de ser mãe novamente, que Simon recusou. O luto lhe será particularmente difícil. Embora a relação entre Simon e Paula pareça harmoniosa, paterna, marcada por ternura e carinho da parte de Simon, a de Mireille e Loïc é conflituosa, até mesmo explosiva, o que determina recorrentes conflitos entre Simon e Mireille, em torno dessa relação deplorável que invade e prejudica consideravelmente sua vida conjugal, ainda mais porque ela o acusa de permanecer um espectador passivo, até mesmo de apoiar o filho e de tomar o partido dele, contra ela.

Nós compreenderemos que Mireille, a mais velha entre os irmãos, e filha preferida de seu pai, deslocou para sua relação conjugal com Simon, e depois para sua nova família recomposta, principalmente para Loïc, uma problemática, particularmente violenta, de rivalidade fraterna e de inveja. Com efeito, seu desejo de ser e de permanecer a preferida de seu pai se realizou igualmente às custas de uma feroz exclusão e desqualificação de seu jovem irmão.

O apego de Simon a seu filho representa para ela uma ameaça, ao representar uma figura transferencial paterna que preferiria o filho à filha mais velha que ela se representa em seu imaginário inconsciente. Assim, no seio dessa família recomposta, ela se coloca em posição de criança e reencena com Loïc a dolorosa rivalidade fraterna de sua infância. É verdade, mas Loïc encarna igualmente para Mireille seu desejo de novamente ser mãe, recusado por Simon. Sua dificuldade de fazer seu trabalho de luto e sua hostilidade persistente para com Simon se deslocarão, em particular, para Loïc, que alimentará, contra sua vontade, a violência de Mireille, figura transferencial materna e duplo negativo de sua própria mãe. Simon reagirá a isso indiretamente, no terreno da vida erótica, e ali poderá se opor ao desejo de Mireille, como que para puni-la pelas violências infligidas a seu filho. Contudo, descobriremos que outros fatores igualmente estão em jogo.

O trabalho de separação

Esses casais podem também nos consultar para realizar um "trabalho de separação", do qual ambos os cônjuges se beneficiarão, e que permitirá atenuar o sofrimento inevitável infligido, não sem culpa, a seus eventuais filhos.

> *Julie*, 28 anos, e *André*, 32 anos, pais de Bruno, 4 anos, vieram me consultar porque não tinham mais vida erótica conjugal. Essa extinção se instalou progressivamente depois do nascimento do filho. Ao longo do nosso trabalho se revelou uma dimensão fraterna predominante em sua vida conjugal. Para além do casal parental que funcionava muito bem, o casal amoroso não existia mais, mas uma terna relação irmão-irmã emergiu e se desenvolveu, sustentada por uma fantasia incestuosa que interditou desde então toda vida erótica. Confrontados à impossibilidade, comum e partilhada, de superar essa fantasia e proceder a mudanças em seu funcionamento conjugal, eles decidiram se separar. Contudo, me pediram para prosseguir nosso trabalho, e eu deveria, dali em diante, ajudá-los a bem se separar, sem fazer sofrer ao seu filho.
>
> Essa demanda particularmente tocante se esclareceu muito rapidamente. Com efeito, cada qual tendo sido o filho único de um

casal cuja ruptura foi conturbada, Julie e André sofreram, pois, de maneira simular, essa situação vivida como tanto mais traumática, porque pouco verbalizada pelos e com os pais. O que os mergulhou em uma solidão desencadeadora de uma situação de sofrimento. Como reparar essa experiência traumática?

Conforme nosso trabalho evoluía, tomamos consciência de que o casal deles tinha igualmente por função primordial encontrar no outro, em primeiro lugar, um irmão, uma irmã, o que lhe permitia não estar sozinho em sofrimento, e poder enfim partilhá-la e confrontá-la com o duplo narcísico, masculino / feminino, representando então um apoio vital. Uma aliança inconsciente defensiva se estabeleceu nessas bases. Tratava-se também de ter um filho, na perspectiva, por um lado, de reparar a criança ferida e lesada que permanece sempre viva em cada um deles e, por outro lado, de se tornarem bons pais, bem melhores que seus próprios pais, a fim de tratar, através do filho, suas próprias feridas.

Mas tornarem-se bons pais, melhores que seus próprios pais, correspondia a uma fantasia edipiana triunfante que deveria operar no quadro de uma aliança inconsciente ofensiva, e que se realizou ao menos parcialmente. De fato, como seus pais, eles se separaram.

Não realizaram seu casal conjugal-amoroso. Não é tão fácil realizar seu casal quando se tem pais que não realizaram os dele. Sim, mas seu fracasso se refere ao casal amoroso e não ao seu casal parental. Daí porque sua realização visava sua separação, que não deveria sobretudo repetir o trauma vivido por seus pais, que falharam nesse terreno. Fortemente identificados a seu filho, era-lhes preciso poupá-lo de um, e do seu, sofrimento. Dessa maneira, eles se mostraram bons pais para com seu filho, embora o sentimento de culpa consciente fosse patente. Além disso, ao se identificarem com ele, tentavam reparar suas próprias feridas infantis.

Uma vez terminado esse trabalho, os pais partiram mais tranquilos e confiantes, assim como a criança ferida em cada um deles. Decidiram, em particular, viver em apartamentos próximos, com uma guarda compartilhada, de maneira a não perturbar a vida do filho. A colaboração deles como casal parental (irmão-irmã) foi bastante satisfatória para o conforto de seu filho e da criança que há neles.

Essas consultas, precoces ou não, dão testemunho não só de um fracasso do trabalho de casal, mas igualmente de uma preocupação contemporânea mais acentuada com relação à qualidade da vida conjugal, assim como das expectativas e exigências a esse respeito, inéditas até então na história. No entanto, essas situações conjugais, dolorosas e não administráveis para muitos casais, se tornaram fatores de ameaça de ruptura. O que deve nos fazer questionar.

2. As entrevistas preliminares ou o "encontro" com o casal

O agendamento de uma consulta

O agendamento de uma consulta com o psicanalista de casal, nesse caso, é a primeira manifestação de uma demanda, individual e conjugal, que é ela própria o efeito de um certo movimento psíquico – individual, intersubjetivo e grupal-conjugal. Um dos parceiros, mais frequentemente a mulher, será a porta-voz dessa demanda conjugal que se efetua principalmente por telefone, mas também, cada vez mais frequentemente, por *e-mail*.

Eu proponho a esse parceiro, porta-voz do casal, uma conversa telefônica prévia, a fim de esclarecer a demanda dele (e deles) e abordar alguns aspectos práticos.

Assim, depois de tê-lo convidado a expor brevemente o, ou os, motivos principais de sua demanda, depois de ter tomado conhecimento da fonte de sua eventual recomendação a mim, eu me apresento brevemente e em seguida indico meu protocolo de três entrevistas preliminares, que são exploratórias, acerca do casal e de suas dificuldades, cada qual por uma hora, sempre na presença dos dois parceiros, no mínimo uma vez por semana, a fim de instalar uma boa dinâmica. Eu deixo claro que eles são livres para interromper o processo após a primeira ou segunda entrevista, se quiserem, pois não existe, nesse estágio, nenhum compromisso da parte deles. No melhor dos casos, no final da terceira entrevista, eu lhes direi simplesmente se penso poder ajudá-los, e, nessa perspectiva, lhes apresentarei o enquadre analítico segundo o qual eu trabalho com os casais.

Depois eu lhes informo meus honorários, detalhando o montante para cada um, mas também para o casal, segundo seu modo de pagamento, pessoal ou conjugal. Por fim, indico minhas disponibilidades, o que lhes permitirá refletir na perspectiva de fixar eventualmente a primeira entrevista. Nós terminamos essa conversa esclarecedora, cujos primeiros aspectos trans e contra-transferenciais são manifestos, como um convite para refletir com seu parceiro ou parceira, abrindo a possibilidade de uma agendamento de consulta, seja por telefone, seja por e-*mail*, para a primeira entrevista.

As entrevistas preliminares ou o "encontro"

Algumas questões

"Eu utilizo aqui", escreve Donnet (2005), "o termo 'encontro' para designar o que se encena entre um demandante e o analista ao qual ele se endereça, desde a primeira tomada de contato até o acordo – ou não acordo – para um compromisso recíproco em um trabalho analítico. Assim definido, o encontro pode consistir em uma ou várias entrevistas[1]".

Embora as reflexões de Donnet se refiram ao trabalho individual, elas nos são muito valiosas para pensar não apenas essas entrevistas

1 Donnet, J.L, (2005), *La situation analysante*. PUF, p. 190.

preliminares, suas especificidades e suas questões, mas também nosso trabalho com casais, em seus diversos setores.

Antes de precisar a natureza e as características dessas entrevistas preliminares, ou desse encontro, evoquemos com ele certas questões subjacentes, suscitadas tanto no analista quanto nos dois parceiros.

Em primeiro lugar, essas entrevistas ocorrem em um "lugar" particular, marcado pela virtualidade da possível recusa, quer ela venha do analista ou dos parceiros conjugais, e pelo "prazo da resposta em ato".

A lógica desse encontro implica por isso uma conflitualidade específica para o analista, que teria seu equivalente nos dois parceiros. Contudo, a acentuada ambivalência dos parceiros sempre impregna essas entrevistas, geradoras de fobias e de traumas, porque fonte de excitações mais ou menos difíceis de ligar.

Com efeito, pela "instauração de uma situação de ensaio que mimetiza a situação analítica, ele (o analista) tende a fazer emergir, mediante uma suspensão da representação de meta, um início de processo"[2] que manifestaria a adequação do funcionamento psíquico dos parceiros e do casal ao método analítico.

Todavia, e no mesmo movimento, sua escuta permanece mais ou menos habitada pela antecipação do ato que constituirá sua resposta, portanto pela problemática da recusa a se comprometer. Ele não está, nesse estágio, verdadeiramente em posição de analista.

Consequentemente, essas entrevistas preliminares representam um ensaio estruturalmente marcado pela decisão, qualquer que seja, e que constitui seu encerramento.

Enfim, uma dimensão consultativa é inerente a esse encontro que põe em jogo a referência terceira à psicanálise e seu método singular.

---

2 *Ibid.*, p. 193.

Exploração dos diferentes setores da vida conjugal

Ao longo das três entrevistas preliminares habitualmente fixadas, procedo a uma exploração geral do casal consulente, que integra, notadamente, seus objetos de sofrimento (queixas, acusações, conflitos, sintomas), certos aspectos de seu funcionamento atual, assim como certas etapas e acontecimentos críticos, até mesmo traumáticos, de sua história conjugal. Abordaremos igualmente os objetos de atração mútua e as expectativas de cada um em relação ao outro. Depois, pediremos a cada parceiro que relate as grandes etapas de sua história pessoal e o contexto familiar no seio do qual viveu. Seguiremos com uma interrogação sobre a demanda atual quanto a um trabalho analítico. Por fim, efetuaremos um registro dos primeiros movimentos transferenciais e contratransferenciais.

Algumas características desse encontro com um casal

Esse primeiro período, constituído pelas três entrevistas preliminares envolve, no entanto, semelhanças com o período do trabalho analítico.

Com efeito, esse encontro representa antes de tudo um *espaço-tempo transicional* ao longo do qual os dois parceiros se encontram, e podem se encontrar, mas também falar, se falarem, se escutar, escutar, até mesmo serem obrigados a escutar o outro na presença e pelo "desvio" de um terceiro, o analista, o que reduz a intensidade conflitual e explosiva de seu confronto dual em sua realidade cotidiana.

Além disso, esse dispositivo do encontro, no seio do qual a fala de cada qual adquire uma consistência, um valor e até mesmo uma significação nova, é *duplamente assimétrico tanto quanto duplamente triangulado.*

Esse terceiro-analista é percebido conscientemente como um árbitro, um mediador. Na verdade, ele é rapidamente investido por cada um e pelo casal, enquanto figura transferencial materna, disponível, receptiva, contendo o sofrimento de seus pacientes-filhos, situados em uma relação fraterna, reatualizando então o complexo fraterno de cada qual, em sua dupla versão, arcaica e edipiana. Mas o analista é também investido como um personagem superegóico, protetor, fixador de limites, imparcial, ao mesmo tempo um observador, crítico, interditor e guardião do dispositivo da consulta. Eis uma primeira forma de assimetria e de triangulação.

Contudo, essa situação expõe o analista ao investimento regressivo de uma posição de criança, "parentalizado", confrontado a um casal parental falho, em dificuldades, reatualizando uma "cena primitiva", sadomasoquista, exibicionista ou então terna, satisfazendo igualmente seus desejos infantis voyeuristas. Sua solidão face a essa casal parental, apesar de tudo solidário, cria uma outra forma de assimetria, tanto mais quanto seus efeitos traumáticos forem importantes.

Esse dispositivo do encontro é fundamentalmente tranquilizador, renarcizante e subjetivante para cada um dos parceiros, restaurador para o grupo conjugal, mas também relibidinizante e reimbricador para a relação intersubjetiva.

Todavia, é também eminentemente gerador de fobia, de angústia e de excitação, nos pacientes e no analista, o que explica, por um lado, que os casais busquem consulta com frequência relativamente baixa, dada a intensidade e duração de seus sofrimentos e, por outro lado, que não sejam tão numerosos os analistas que trabalham nesse terreno.

Com efeito, esse encontro pode reativar as angústias esquizoparanóides e depressivas dos dois parceiros e do casal, do qual duas representações fantasísticas, a da *cobaia* e a do *espião*, registradas por E. Jaques[3] (1955), podem emergir. O que ele tinha observado entre os grupos naturais.

Assim, o casal pode fantasiar que o psicanalista é um estranho que não se interessa pelos dois parceiros por si sós, mas porque se alegra

3 Citado por Anzieu em *Le groupe et l'inconscient* (1975).

pela oportunidade de aplicar seu método e suas teorias. "Nós não queremos ser tratados como uma *cobaia* por ele". Além disso, vindo para uma consulta, o casal prova um sentimento de fracasso, reativando angústias depressiva e de castração, de incapacidade de lidar a sós com seus problemas. Ele é frequentemente animado de um sentimento de culpa e de vergonha, mais ou menos consciente, constrangido a exibir sua intimidade perante um estranho ou a uma figura paterna, portanto a "se desnudar". Por outro lado, o casal teme o confronto e a intervenção do psicanalista que poderia confirmar suas fragilidades e insuficiências, seus fracassos, o que ele gostaria, no entanto, de negar. Esse encontro com o psicanalista representa então uma verdadeira ameaça narcísica para o casal, que põe em questão seu próprio funcionamento falho e ataca sua imagem ideal de si mesmo.

Mas, se o casal projeta no psicanalista, e nesse encontro, sua má consciência, é então a imagem do *espião* que domina de maneira difusa, correspondendo à reativação da angústia esquizoparanóide dos dois parceiros e do casal.

A intrusão do psicanalista é vivida com desconfiança porque potencialmente destrutiva, equivalente a uma invasão do "corpo conjugal" pelo objeto mau.

Contudo, a desconfiança circula igualmente entre os dois parceiros, pois vir a dois comporta o perigo de falar de si e do outro, na presença dele. Trata-se de um desvelamento de seu universo psíquico, portanto de um enfraquecimento potencial de seu sistema de proteção. Para alguns pode ser grande esse perigo de descobrir o que o outro vai dizer ou calar sobre ele mesmo, sobre o outro, sobre o casal. Assim, o perseguidor fantasiado será também o parceiro.

Certamente é perigoso verbalizar pensamentos, afetos, fantasias ao parceiro, fora desse espaço neutro e protegido. Daí ser preferível e mais seguro fazer isso aqui. Um dos riscos seria a utilização perversa do que é dito e ouvido como arma para um próximo conflito doméstico. A partir de então, esse lugar será investido de um modo fortemente ambivalente.

Como já tínhamos indicado, reencena-se, nesse espaço duplamente triangulado, uma rivalidade fraterna em que os dois parceiros procurariam, diante da figura parental representada pelo analista, atenção, amor exclusivo, apoio narcísico. Ela pode tomar a forma de uma competição "fálica", no desejo de ser o mais sedutor nos planos da verbalização, da expressão dos afetos e das fantasias e na busca de satisfação das expectativas fantasiadas do analista. Eles também podem seduzir pelo sofrimento e rivalizar no grau e no seu modo de expressão. Isso nos leva a evocar o desejo da vítima, designada pelo casal, de ser protegida de seu parceiro-agressor pelo analista e de induzir nele um movimento identificatório de natureza masoquista, assim como um afeto de rejeição e de hostilidade contratransferencial com relação ao parceiro-agressor. Podemos observar um movimento que começaria por uma sedução masoquista, depois evoluiria rumo a uma manipulação perversa do analista, provocando uma aliança inconsciente entre a vítima e o analista; esse movimento transferencial nos informa sobre os aspectos inconscientes do laço conjugal e sobre os afetos infantis recalcados dos parceiros.

O analista deve aceitar ser utilizado como um objeto, ser manipulado numa certa medida e até um certo ponto, o que lhe permitirá, por sua análise contratransferencial, compreender certos aspectos inconscientes do funcionamento conjugal. Assim como ele deve aceitar que cada parceiro e o casal utilizem esse espaço-tempo do encontro e do trabalho analítico como um *espaço de lixeira*, lugar de descarga de afetos violentos, de fantasias persecutórias e de projeção de objetos maus internos.

Além disso, a bissexualidade do analista é solicitada por seus necessários movimentos identificatórios a cada um dos parceiros, masculino e feminino, quaisquer que sejam os casais, heterossexuais e homossexuais; isso impõe uma ginástica psíquica difícil e desafiadora.

Enfim, consideremos essa situação como iniciadora da criação de um *grupo terapêutico*, com sua tópica, sua dinâmica e sua economia psíquicas específicas, o que constituirá um dos agentes da evolução do futuro processo analítico.

Em definitivo, esse encontro, intrinsecamente ambivalente, gerador de fobias e de traumas, é igualmente produtor de movimentos transferenciais múltiplos determinando uma contratransferência compósita e complexa que nós caracterizaremos mais adiante. Um jogo complexo de alianças inconscientes poderá ser reatualizado no seio dessa dinâmica transferencial e contratransferencial, homossexual e heterossexual, entre as seguintes figuras transferenciais e contratransferenciais: pai-filha, pai-filho, mãe-filha, mãe-filho, irmão-irmão, irmão-irmã, irmã-irmã.

A decisão do trabalho analítico com casais e os seus critérios

Ao final da terceira entrevista e de um processo de avaliação contratransferencial, o analista comunica sua decisão ao casal consulente: "Concordo em trabalhar com vocês, acho que posso ajudá-los. Vou apresentar algumas regras e princípios segundo os quais eu trabalho com casais. Trata-se do que chamamos de o enquadre analítico".

Esse enquadre se tornará o enquadre *deles*, uma vez que seja recebido, aceito e introjetado, mas também o do *grupo terapêutico* que eles começam já a constituir com o psicanalista.

Essa decisão deverá levar em conta e integrar os registros de realidades heterogêneas.

Do lado do psicanalista, essa decisão pressupõe e implica, pois, uma *avaliação*, ou seja, o colocar em jogo de sua experiência clínica e da relativa previsão que ela permite (Donnet, 2005).

Assim, sua exploração do casal lhe terá permitido detectar nos dois parceiros: seu nível de verbalização e de capacidades reflexivas;

seu grau de investimento do funcionamento psíquico de cada qual, do outro e de sua realidade conjugal.

Mencionemos igualmente a mobilização de sua pulsão de investigação que se dá como objeto, em particular, a descoberta e o controle de um sentido (Enriquez[4], 1986); mas também uma aptidão à "passivação confiante"[5] (Green, 1990) em que os dois parceiros conjugais se remetem ao analista. Uma capacidade de recolocação em questão, como o desejo autêntico de mudança, conjugal e individual. Sublinhemos enfim as capacidades identificatórias do analista aos dois parceiros, seu investimento positivo, mas também sua intuição preditiva de que ele poderá ajudá-los a realizar um bom trabalho, em suma, sua contratransferência positiva. Assim como a aposta de formar um bom *grupo terapêutico.*

Se, pelo contrário, a decisão é negativa, o psicanalista deverá comunicá-la ao casal com tato, ou seja, com gentileza, e lhes dizer simplesmente que a abordagem psicanalítica pode ser prematura ou não lhes ser adaptada, esse casal precisando de uma abordagem mais ativa e intervencionista de tipo sistêmico ou cognitivo-comportamental. Essa decisão negativa será inevitavelmente recebida e vivida espontaneamente como uma ferida narcísica, uma rejeição, um abandono, confirmando e reativando suas angústias depressivas e de castração, e a qualidade dos objetos maus que representam os dois parceiros e o casal diante da figura transferencial parental encarnada pelo analista. No nível inconsciente, essa decisão negativa pode igualmente satisfazer a componente negativa de sua ambivalência, e assim aliviá-los. Contudo, a sugestão de uma outra abordagem é apaziguadora, e não esqueçamos que essas entrevistas preliminares também são habitadas

4 Enriquez, M. (1986). *Le délire en héritage.* Em: Kaës, R., Faimberg, H. *et al* (1993). *La transmission de la vie psychique entre les générations.* Dunod.

5 *Op. cit., La folie privée...*

pela virtualidade dessa decisão negativa tanto pelo analista quanto pelo casal ou um dos parceiros, opondo-se então ao desejo do outro.

Recordação de algumas características gerais do enquadre analítico

O enquadre determina as condições de um espaço de trabalho (Green, 1990) e constitui um fundo silencioso, mudo, uma constante que permite às variáveis do processo um certo jogo. Postula-se que ele tenha uma incidência sobre a natureza e a organização dos fenômenos processuais, o que constitui a importância de sua escolha.

Por seu dispositivo e por suas regras, o enquadre cria uma área transicional no seio do casal analítico ou do *grupo terapêutico* que permite garantir uma segurança narcísica a seus membros.

Uma dupla função lhe é habitualmente conferida, "a de *barreira*, simbólica, paterna e superegóica e a de *recinto*, simbiótico e materno" (Donnet, 2005).

Nessa situação analítica, o psicanalista e seu paciente ocupam posições dessemelhantes. Algumas lhes são comuns, tais como a regra da abstinência: ao lhes interditar toda relação pessoal "real" na situação ou fora, ela os coage a manter apenas relações fantasísticas e simbólicas assim como as relações sociais cotidianas.

Outras regras são específicas de cada uma das duas posições.

A tarefa do paciente é de ordem simbólica: exprimir tudo o que ele pensa, imagina, sente na situação, ou seja, "simbolizar" os efeitos que esta exerce sobre ele. Já a do analista é compreender como transferência, ou como resistência à transferência, tudo o que o sujeito procura significar nessa situação e não intervir, notadamente por interpretações, senão para lhe fazer compreender o significado (Anzieu, 1975).

Enfim, o enquadre contém implicitamente em sua definição o caráter indefinido da sequência de sessões e a possibilidade para o paciente para encerrá-las a qualquer momento (Donnet, 2005).

Enunciação das regras ao casal consulente

É importante enunciar claramente algumas regras e ajudar o casal a compreendê-las. Elas serão então objeto de investimentos fantasísticos e de contrainvestimentos defensivos, que precisarão ser interpretados. Uma vez enunciadas, o psicanalista, enquanto fiador, não deverá velar "como censor" por sua aplicação pelo casal, mas deverá procurar compreender e interpretar as infrações a essas regras, ou as dificuldades de em colocá-las em prática.

Uma primeira regra se refere a um conjunto de indicações práticas relativas às sessões de trabalho: presença imperativa dos dois parceiros do casal em cada sessão, a ausência de um deles a tornando impossível; duração: uma hora; o ritmo das sessões (no mínimo semanal, senão quinzenal); a atribuição de um tempo fixo. "Esse horário lhes será reservado. Vocês o utilizarão como puderem". Lembremos que a quantidade de sessões já foi enunciada na primeira conversa.

Uma segunda regra, a regra fundamental do tratamento típico, é *o direito e não a obrigação de dizer* tudo que vem à mente de cada parceiro: o que se pensa, o que se sente e o que se imagina, sem ser interrompido pelo cônjuge. Embora sabendo que este reagirá por expressões não-verbais, faciais, gestuais e / ou posturais, até mesmo interrompendo verbalmente quem está falando. Com casais, trata-se de velar pela preservação da integridade do espaço psíquico de cada um.

Lembremos que na situação do tratamento típico, ao propor ao paciente que diga o que lhe vem à mente, Donnet (2005) considera que a regra fundamental "conjuga a oferta *positiva* de falar espontaneamente, *livremente*, e a prescrição *negativa* de não calar os pensamentos incidentes [...]. Ao mesmo tempo, contudo, o enunciado da regra privilegiada da factualidade psíquica e discursiva *hic et nunc*; ela situa a sessão sob a égide *virtual* da associação livre[6]". Essa regra

6 *Ibid.*, p. 8-9.

"coloca o – e se funda – no desvio entre os *Ditos* – o que faz simultaneamente do dizer uma coação e uma liberdade –, e *o que vem* – que faz referência a uma factualidade psíquica polimorfa e heterogênea[7]".

Esse convite a uma liberdade de fala ilimitada reaviva, no inconsciente de cada um, os desejos recalcados e a angústia de transgredir o interdito ao formulá-los; daí, sobretudo no início, as inibições, a paralisia, o silêncio.

No trabalho com casais, pelo contrário, essa regra fundamental é transformada em *direito de não dizer tudo*, portanto, a oferta positiva permanece, mas sua vertente negativa de não calar as ideias incidentes desaparece em benefício da necessária preservação da integridade do espaço psíquico de cada qual. Consequentemente, toda invasão desse espaço por um dos parceiros será denunciada e objeto de investigação pelo grupo terapêutico.

Além disso, os arranjos do enquadre, segundo Green (1990), não têm outra função senão facilitar a função de representação.

Na situação analítica com casais, afora o trabalho de verbalização dos afetos, fantasias, pensamentos e conflitos, encontramos também modos de expressão gestual e postural, comportamental, portanto, um registro motor e sensorial que é particularmente mobilizado, tanto pelo falante quanto por seu parceiro, em razão do dispositivo do face-a-face. Daí uma grande heterogeneidade dos significantes (Green, 1973) ou dos modos de representação pulsional (Roussillon, 2008).

Ao mesmo tempo que por seu estatuto, essa regra assegura uma certa "imunidade à fala", e prevê que esta mobilizará questões psíquicas conflitivas, como testemunha em sua formulação a referência às objeções que será preciso superar ("mesmo se isso lhe parece absurdo, fútil ou desagradável"). Ela prevê, pois, que essa conflitualidade – da

7 *Ibid.*, p. 66.

qual o método tem necessidade – se manifestará no seio da atividade da fala (Donnet, 2005).

Se há imunidade da fala, essa conflitualidade psíquica mobilizada pela fala será exacerbada no trabalho com casais, pois falar de si, do outro e do casal é fonte de angústias múltiplas, de condutas fóbicas e de inibições na própria situação da sessão e no seu *après-coup*. Daí as "resistências *a* dizer e *pelo* dizer" evocadas por Freud.

Deixemos claro que esse processo associativo poderá ser inicialmente individual e assim permanecer, mas também poderá ser alternado com o parceiro para se tornar conjugal, então grupal, exprimindo assim uma factualidade a princípio individual, depois intersubjetiva e grupal, portanto, necessariamente polimorfa e heterogênea. O que procederia de uma ressonância fantasística inconsciente.

Quanto ao analista, ele se encontra então em posição de escutar associativamente o processo da sessão. Voltaremos a isso adiante, no capítulo consagrado aos aspectos técnicos do trabalho analítico com casais.

Uma terceira regra, a da abstinência, é comum ao analista e aos dois parceiros do casal: ao lhes interditar toda relação pessoal "real" na situação analítica ou fora, ela os coage a não ter juntos senão relações fantasísticas e simbólicas, assim como as relações sociais convencionais. O que significa também toda ausência de intervenção na realidade concreta do casal, sob a forma de opiniões e de conselhos pessoais espontâneos da parte do analista ou da demanda "insistente" de um dos cônjuges ou do casal. Assim como pressupõe a ausência de relações individuais do analista com cada parceiro. Toda comunicação de ordem informativa se endereçará e se remeterá sempre aos dois parceiros conjugais.

A partir de então, eles partirão com a liberdade e a necessidade de decidir comprometerem-se ou não nesse trabalho em casal, que é uma aventura tanto individual quanto conjugal e grupal.

3. O trabalho e seus aspectos técnicos

Vou, a partir de agora, desenvolver um discurso sobre as questões do método, do lugar e da situação analisante, dos registros transferenciais, dos processos associativos, da escuta e da interpretação, referindo-me ora ao dispositivo individual, ora ao dispositivo de grupo, a fim de melhor situar, diferenciar, caracterizar e especificar nosso trabalho com casais, tão desconhecido em sua singularidade e em sua identidade.

Método do trabalho individual e com casais

Donnet (2005) considera que a matriz do método analítico é *o par associação livre – après-coup interpretativo*, cujo correlato seria o postulado fundamental da dinâmica processual decorrente do encontro transferencial, dinâmica que ativa em todos os seus níveis a representação psíquica.

Além disso, a associação livre faz emergir um pensamento regressivo, em imagens, sobretudo visuais, mas a obrigação de dizer traz obstáculo a essa tendência, a fim de que o material assim produzido sirva à interpretação e à tomada de consciência. A fala assume assim uma função de contrainvestimento, e seu registro narrativo parece situá-la no exterior do processo associativo. Daí, segundo Donnet, o antagonismo entre o pensamento imaginante e a fala.

O método não lida senão com representações, fatos de fala encarados sob o ângulo de seu valor de endereçamento transferencial.

Esse método requer assim uma *transferência sobre a fala* com suas vicissitudes. Desenvolveremos esse aspecto mais adiante.

De fato, mas no face-a-face e na presença de um casal, também temos de lidar com outros significantes que não a fala, como as expressões faciais e gestuais e as posturas do falante, e as de seu parceiro que o escuta e reage por seus significantes não verbais.

Em uma outra perspectiva, Donnet avalia que "da mesma forma que religa e separa o paciente e o analista por sua referência terceira, o método junta e afasta a teoria e a prática ao se situar em sua interface[1]".

Por sua vez, P. Denis (2010) evoca a ética do trabalho psicanalítico que se fundamentaria no próprio método e na sua aplicação, ou seja, no estabelecimento dos meios de tratamento mais do que no seu eventual resultado. Além disso, a análise da contratransferência do psicanalista se impõe como uma condição e uma exigência ética do método psicanalítico. Ela se encontra mesmo "no coração da ética psicanalítica"[2]. O que evidentemente permanece válido em nosso trabalho com casais.

Lugar, situação analisante e situação analítica

Donnet diferencia o *lugar analítico* da *situação analisante*: "O lugar analítico contém o conjunto do que constitui a oferta de uma análise, incluindo o analista em função", ao passo que "a situação analisante

1 *Op. cit.*, p. 38.

2 Denis, P. (2010). *Rives et dérives du contre-transfert*. PUF, p. 177.

resulta, aleatoriamente, do encontro suficientemente adequado do paciente e do lugar. Ela implica o uso subjetivado, encontrado-criado, pelo analisando, dos recursos do lugar e de sua configuração singular[3]".

Assim, os lugares vão se organizar a partir das diversas situações de trabalho propostas no campo da prática psicanalítica, tais como aquela com casais.

Eles apresentam uma consistência e uma tipicidade suficientes, uma lógica própria e produziriam sua própria dinâmica processual.

Além disso, a situação analisante marcaria a unidade funcional específica constituída pelo conjunto analisando-analista-situação, consistindo em uma unidade de ligação, por um lado, entre os processos intrapsíquicos do paciente e sua exteriorização na cena da transferência e, por outro lado, entre os processos psíquicos dos dois protagonistas, a ponto de realizar, através do jogo da transferência e da contratransferência, um casal analítico, uma quimera (de M'Uzan, 2005[4]), uma área de jogo compartilhada.

Assim, a situação analítica do tratamento individual resultaria do "jogo antagônico e complementar de duas cenas cuja unidade repousa, *em última instância*, no fato de que a transferência na fala, requerida pelo método, pode operar no duplo registro intra- e intersubjetivo [...]:

- *uma cena intrapsíquica* na qual o discurso interior pode usar as palavras como órgãos perceptivos explorando o mundo interno;
- *uma cena intersubjetiva* cuja questão mais específica é relativa à *colocação em ato* da transferência pela palavra [...]. Mas a característica da cena é que ela desloca apenas ao analista a problemática da regra fundamental e da sua função terceira[5]".

---

3 *Op. cit.*, p. 19.

4 de M'Uzan, M. (2005). *Aux confins de l'identité.* Gallimard.

5 *Op. cit.*, *La situation analysante*, p. 76-77.

E quanto ao dispositivo psicanalítico de grupo?

Ele é plurissubjetivo e Kaës (2015) assinala que essa especificidade morfológica comporta várias consequências, notadamente sobre a natureza do regime e do discurso associativo.

Antes de tudo, cada participante e todos os demais participantes são capazes de responder em presença e na presença de qualquer outro.

Se, no tratamento, as associações são *sucessivas* e *endereçadas ao analista*, no grupo, por outro lado, as associações são *sucessivas* e *simultâneas*, elas são *interdiscursivas* e *interferentes*.

Dito de outro modo, as associações de cada sujeito encontram as associações de um outro, ou de vários outros sujeitos, e, portanto, são conectadas ao mesmo tempo com as representações-meta que lhe são próprias e que polarizam seu discurso associativo, e com as associações dos outros.

E mais, no tratamento, o sujeito não pode estar simultaneamente no registro do processo primário e no do processo secundário, ao passo que, no grupo, esses dois registros coexistem.

A partir dessa dupla referência ao tratamento individual e ao trabalho com grupos, que poderíamos dizer do lugar, da situação analisante, do dispositivo com casais e de suas implicações?

Se eu retomo o modo de formulação de Donnet, diria que a situação analisante provém do encontro "suficientemente adequado" dos dois parceiros, de seu casal, enquanto grupo, e desse lugar específico.

A fim de caracterizar esse lugar e essa situação analisante com casais, precisemos desde logo que eles comportam um dispositivo grupal face-a-face.

Com efeito, o trabalho com casais é um dispositivo face-a-face que, de fato, compartilha certas especificidades da terapia individual que lhe são próprias, portanto diferentes do tratamento típico, e que se combinam àquelas do dispositivo grupal com casais. Consideremo-las desde já.

Em primeiro lugar, o face-a-face mantém a troca ou a evitação de olhares. Ele integra na comunicação recíproca ou em suas modalidades de representação pulsional os registros motor e sensorial, com as expressões faciais, gestos, posturas, particularmente solicitados e investidos, que são vias diversas de escoamento da excitação, mas também fontes de excitação e de ativação fantasística induzindo angústias múltiplas e mecanismos defensivos nos protagonistas.

O cumprimento radical da regra fundamental raramente é possível. Se o analista tenta preservar o funcionamento associativo e o *après-coup* interpretativo, não dispõe, contudo, de uma temporalidade análoga àquela do lugar analítico clássico. Aqui, a relação do analista com sua gestão do tempo é um pouco diferente: ele é levado a intervir mais frequentemente, e suas decisões de intervenção ou de interpretação são tomadas mais rápido.

Todos esses fenômenos, avalia Donnet (2005), estão ligados à singularidade da sessão, como na terapia de casal: "O processo da sessão singular, particularmente investido, leva à realização de uma amostra da análise tendo sua pertinência própria[6]".

Além disso, o face-a-face sustenta a relação com o analista *em pessoa*, cuja percepção e representação são indissociadas.

Consequentemente, o face-a-face, menos propício à apreensão da transferência enquanto tal, levanta a questão da diferença entre a transferência e a *relação* em uma situação analítica.

Parat[7] (1982) considera que, se o tratamento típico facilita a transferência, o face-a-face desvela mais a *relação* que corresponde

6 *Ibid.*, p. 163.

7 Parat, C. (1982). Transfert et relation en analyse. *Revue Française de Psychanalyse*, 46 (2), 357-364.

ao investimento pelo paciente da pessoa do analista, investimento tingido de confiança. Esse investimento se funda, por um lado, em elementos subjetivos, projetivos, laço espontâneo de tonalidade positiva, e, por outro lado, em elementos objetivos percebidos pelo paciente desde os primeiros contatos.

Encontraremos, na verdade, todos esses aspectos em nosso trabalho com casais e notadamente o investimento tingido de confiança na pessoa do analista.

Sigamos com o modo de investigação e de reflexão de Donnet.

A situação analisante com casais implicaria o uso, subjetivado, por cada um dos respectivos parceiros, e o uso conjugal, pelo grupo-casal, como que "encontrado-criado", dos recursos desse lugar e de sua configuração singular.

Ela resultaria ali do jogo antagonista e complementar de *várias cenas* cuja unidade repousaria no fato de que a *transferência à palavra* pode operar no *triplo registro intrapsíquico, intersubjetivo e grupal*. Encontraremos igualmente *uma transferência no registro sensório-motor*.

Assim, poderíamos estabelecer que esse conjunto, formado pelos dois parceiros conjugais, seu casal, o analista e a situação, constitui uma unidade funcional, ou seja, uma unidade de ligação entre:

- os processos intrapsíquicos de cada parceiro e sua exteriorização na cena da transferência ao analista, correspondendo à cena intrapsíquica de cada qual;
- os processos psíquicos de cada parceiro e os do analista, realizando uma relação analítica individual;
- os processos intrapsíquicos dos dois parceiros e sua exteriorização no seio de sua relação intertransferencial que corresponde à sua cena intersubjetiva, a qual exprime certos "aspectos conjugados" ou articulados de sua neurose infantil;

- os processos psíquicos do grupo conjugal e sua exteriorização na cena da transferência ao analista, correspondente a uma primeira cena grupal;
- mas também entre os processos psíquicos dos dois parceiros, os do grupo conjugal e os do analista, formando então um *grupo terapêutico*, mediante esse jogo complexo de transferências múltiplas e da contratransferência compósita do analista; o que corresponde a uma segunda cena grupal.

Inspirando-me agora nas reflexões de Kaës, diremos que a situação analítica com um casal é uma situação grupal, plurissubjetiva. Consequentemente, as associações de cada parceiro encontrarão as do outro e se conectarão. Poderão ser sucessivas, mas também simultâneas, interdiscursivas e interferentes uma vez que dialogarão na presença do analista. Assim, um discurso grupal formado de cadeias associativas conjugais será a expressão de seu grupo conjugal e de suas formações comuns e partilhadas.

Acrescentemos também que, no casal, os dois registros primário e secundário coexistem, como já tínhamos salientado.

Exploremos outros aspectos

Sendo a situação analítica introdutora de uma *regressão*, toda uma parte do processo analítico repousa nela, que tem múltiplos aspectos, assim como uma parte da atitude contratransferencial se organiza em função dessa regressão. Ela será inevitavelmente de ordem narcísica, mas também de ordem pré-genital e edipiana, favorecendo em particular movimentos e atitudes fóbicas.

Com efeito, Denis (2010) sublinha que a situação analítica impõe ao paciente o recurso a uma atividade "auto", que lhe demanda que se desapegue de diferentes elementos do mundo exterior para investir seu funcionamento psíquico, seus objetos internos, o que reforça seu narcisismo.

Contudo, a situação analítica com casais lhes impõe igualmente um investimento do funcionamento psíquico do parceiro, que relibidiniza a relação intersubjetiva, assim como um investimento do funcionamento grupal deles, o que tende a reforçar o narcisismo conjugal.

Evoquemos também a *dimensão geradora de fobias* da situação analítica com casais, a partir das reflexões de P. Denis sobre o trabalho individual.

Do lado de cada parceiro e do casal, existem fobias que se assentam tanto sobre o enquadre e a transferência ao analista – mesmo que menos importante do que no tratamento individual – quanto sobre a relação intertransferencial, aquelas de ordem voyeurística e exibicionista: desnudar-se diante do parceiro, do analista, descobrir seu próprio funcionamento psíquico, o do parceiro e do casal, por exemplo.

Certas condutas dos pacientes responderiam a um movimento fóbico, tais como seus atrasos ou faltas frequentes às sessões, assim como o quase mutismo, ou as interrupções frequentes do falante, em vez de escutá-lo silenciosamente.

Do lado do analista, pode-se observar o medo dos pacientes, com a fobia de ser um objeto sob controle de cada parceiro, mas também o medo do casal, reativando nele uma cena primitiva sádica de natureza traumática ou erótico-terna, demasiado excitante, objeto de movimentos de exclusão, de inveja e de ciúmes.

Assim como a fobia de exercer um controle sobre os pacientes, e de tudo o que fosse percebido como agressivo.

Por trás desses temores se delineia geralmente, como sugere P. Denis, uma fobia da transferência dos pacientes, e de seus movimentos virtualmente maciços, tanto hostis quanto eróticos, vividos perigosamente, mas também, em troca, a fobia do poder do qual ele é investido e do qual poderia abusar com e nos seus pacientes.

Evoquemos igualmente uma possível fobia do silêncio, de toda atitude retentiva e marcada de neutralidade; o que pode induzir a intervenções demasiado numerosas, uma tendência a responder às questões diretas ao invés de interpretar o movimento transferencial que as suscitaram.

Enfim, essa situação analisante com casais pode induzir a *um certo tipo de funcionamento do psiquismo dos parceiros e do casal, como da simbolização.*

O grupo terapêutico

Voltemos ao grupo terapêutico produzido pela, e específico da, situação analítica com casais e desenvolvamos alguns de seus aspectos dinâmicos e econômicos.

Eu lembro que esse *grupo terapêutico* é formado pelo analista, pelos dois parceiros do casal e pelo grupo conjugal, os quais estão ligados por diversas alianças inconscientes, tanto estruturantes quanto defensivas.

Assim, podemos identificar uma aliança de base, estruturante, por um lado, entre o analista e cada parceiro e, por outro lado, entre o grupo conjugal e o analista, que se inscrevem no campo transferencial e contratransferencial.

Sua função seria a de constituir um limite, uma contenção, e de favorecer os processos de representação e de simbolização.

Uma dimensão fundamental dessa aliança de base se funda no amor da transferência-contratransferência (Kaës, 2009).

Quanto aos dois parceiros conjugais, eles estão reunidos por alianças estruturantes, defensivas e ofensivas, constitutivas de seu grupo conjugal. Algumas delas poderão, pois, ser particularmente mobilizadas na dinâmica desse *grupo terapêutico*, sob forma estruturante, defensiva e ofensiva.

Além disso, alianças defensivas, alianças de resistência ao processo analítico, podem se estabelecer entre cada parceiro ou entre os dois e o analista, que se manifestarão por sintomas partilhados ou *acting*. Elas serão variáveis conforme os momentos processuais do trabalho, portanto inerentes às manifestações transferenciais e contratransferenciais.

Todavia, o *grupo terapêutico*, investido como objeto libidinal e fantasístico, pelos dois parceiros e pelo casal, como pelo analista, é igualmente o lugar de uma reativação de fantasias originárias em seus membros, entre as quais poderemos encontrar: a fantasia intrauterina correspondendo ao espaço imaginário do grupo em sessão de trabalho e sugerindo o interior do corpo materno, continente e protetor; essa situação a três do *grupo terapêutico* reativa facilmente a fantasia da cena primitiva, o que lhe permite todas as permutações possíveis; assim como a fantasia de sedução com suas formas de acoplamento, homossexuado e heterossexuado, que suscita movimentos de rivalidade, de inveja e de ciúmes e mobiliza o complexo fraterno de cada parceiro; enfim, a fantasia de castração pode se exprimir mediante temas de insuficiência, de impotência, de falta ou de perda.

No plano econômico, esse *grupo terapêutico*, do qual dependerá em parte a dinâmica processual de nosso trabalho, será um objeto de investimentos diferenciados, por parte de cada parceiro e do casal, de natureza narcísica, erótica, inibida quanto à meta, e homossexual sublimada, mas também de natureza ambivalente, mais ou menos acentuada conforme os momentos e períodos do trabalho. Do lado do analista, esse grupo será igualmente investido de um modo narcísico, erótico, inibido quanto à meta e homossexual sublimado.

Contudo, o trabalho da pulsão de morte (Green), nos dois parceiros e no seio de seu casal, se manifestará igualmente, de diversas maneiras, em particular para resistir à mudança, até mesmo para sabotar o trabalho do analista, conduzindo a um sentimento de estagnação ("estamos andando em círculos", "estamos estagnados"), apesar de esforços consideráveis e, mais ainda, à interrupção considerada muito prematura de nosso trabalho.

O trabalho do analista e seu funcionamento psíquico com casais

A contratransferência do analista

Abordar o trabalho do analista e seu funcionamento nos impõe necessariamente considerar sua contratransferência que determinará, em particular, suas modalidades de investimento e de escuta de seus pacientes, de suas associações, mas também suas capacidades identificatórias, sua compreensão, suas intervenções múltiplas, assim como sua atividade interpretativa.

Começaremos por algumas reflexões de Denis e de Neyraut. Denis (2010) considera a contratransferência como sendo em primeiro lugar a transferência que se refere à experiência transferencial preexistente do analista.

Ele encara a contratransferência como "o próprio espaço que se oferece à expressão da transferência. Ele o contém, permitindo seu desdobramento ou, pelo contrário, o limita ou quebra seu movimento[8]".

O elemento positivo, central e ativo que lhe confere sua especificidade psicanalítica e a mantém é, pois, segundo P. Denis, uma atitude de acolhimento à expressão dos movimentos inconscientes do paciente e do investimento libidinal, inibido quanto à meta, de seu funcionamento psíquico que condiciona, além disso, seu valor dinâmico.

A contratransferência é igualmente um instrumento de investigação e de interpretação dos movimentos transferenciais do paciente.

Paradoxalmente, as atitudes que chamamos habitualmente de *reações contratransferenciais* são reações do analista, inerentes ao investimento de seu paciente, passageiro ou mais duradouro, como uma pessoa comum, e não de seu funcionamento psíquico; isso daria testemunho de uma resistência à sua contratransferência.

---

8 *Op. cit.*, p. 31.

Para Neyraut (1974), o pensamento contratransferencial do analista, que se deve conceber quando de seu envolvimento na situação analítica, designa também as ideias, as fantasias, as representações do analista, quer sejam induzidas ou anteriores a uma sequência. Se sua contratransferência se refere ao pensamento e à teoria analítica em geral, "esse pensamento e essa teoria recebem especificações pessoais que delimitam um campo de escuta particular[9]".

Ele concebe assim a contratransferência como paraexcitação que pode tanto ser anterior às solicitações pulsionais reveladas pela transferência quanto consecutiva. Ela é mais frequentemente consecutiva e desencadeada pelas manifestações transferenciais, reveladoras de moções pulsionais objetais, às quais tenta se opor.

Em nosso trabalho com casais, a contratransferência do analista, que forma um *grupo terapêutico* com os dois pacientes e seu casal, será complexo porque compósito, espaço de acolhimento dos movimentos transferenciais de cada parceiro e do grupo conjugal.

Assim como, com relação a esse *grupo terapêutico*, objeto de uma transferência de natureza grupal, o analista desenvolverá uma contratransferência *grupal*.

A partir dessas bases fundamentais, podemos explorar alguns setores e características do trabalho do analista.

Com Green (1990), diremos que o trabalho do analista, inerentemente conflituoso, – "produto de uma luta constante entre o escutar, o mal-entendido, o não-entendido e o inaudível" [...][10], em particular –, é sempre fundamentalmente *um trabalho de pensamento e de representação de processos psíquicos* em ação em cada parceiro, em sua relação intersubjetiva e no seio de sua realidade conjugal.

---

9 *Op. cit.*, *Le transfert*, p. 41.

10 *Op. cit.*, *La folie privée*, p. 396.

Green nos convida também a observar que a *alucinação negativa* não está ausente desse trabalho; ela corresponde a todos os momentos em que o analista não compreende nada do material, não pode nem o representar, nem lhe descobrir os laços.

A escuta analítica?

No enquadre do tratamento típico, Neyraut define dois modos fundamentais dessa escuta: escuta concordante, escuta discordante.

Essa concordância ou essa discordância se refere aos efeitos de acordo ou de desacordo dos fluxos associativos do paciente e do analista.

Na situação de grupo, Kaës (2015) considera que a escuta é determinada por posições epistemológicas diferentes e específicas.

Ele sustenta pessoalmente uma *escuta polifônica* fundamentada em uma posição epistemológica que concebe que "o Inconsciente produz seus efeitos, se faz escutar, não apenas no espaço que nós selecionamos, mas em um outro, como é seu hábito. Tomo aqui em consideração três espaços psíquicos que coexistem e interferem na situação de grupo e cujas cadeias associativas se entrelaçam em três discursos. Uma tal escuta polifônica é possível? As relações entre esses três espaços podem ser objeto de uma escuta distinta e simultânea?[11]".

Quais são suas condições e modalidades?

Essa escuta polifônica dependeria, em primeiro lugar, da capacidade do analista de perceber e de conceber essa tripla fonte dos processos associativos em sua especificidade e em suas relações, estando conscientes de que não podemos escutar *tudo* o que se diz nesses três espaços e em suas relações.

---

11 *Op. cit.*, p. 181-2.

No plano técnico, apoiando-se na análise dos processos de funcionamento do aparelho psíquico grupal, ele identificou duas categorias de *pontos de amarração* entre esses espaços, os sujeitos fóricos e as alianças inconscientes, que condensam assim a realidade psíquica dos três espaços.

Os sujeitos fóricos são esses sujeitos que, no grupo, realizam funções fóricas: são os porta-vozes, os porta-sonhos, os porta-sintomas, os porta-ideais, os bodes expiatórios, por exemplo,

Trata-se de coproduções de cada sujeito, ao mesmo tempo em sua singularidade e em sua relação com o grupo.

> *Levar a atenção desse ouvido especializado ao lugar que ocupam os sujeitos fóricos e as alianças inconscientes nas suas transferências e no processo associativo permite ouvir não apenas o que cada indivíduo significa no grupo, mas também o que ele significa para um outro e para mais de um outro, o que é significado e ouvido pelo conjunto dos participantes do grupo.*[12]

E com casais?

Nossa escuta de pacientes em casal é aquela de um discurso associativo plural e polimorfo, remetendo também à "heterogeneidade dos significantes", conforme a expressão de Green (1973). Devemos então ser "poliglotas" (Green, 1990).

Assim como uma escuta polifônica se impõe considerando os três níveis estrutural-funcionais que eu defini.

Precisaremos, pois, escutar o discurso associativo de cada parceiro, o de sua relação intersubjetiva que é de natureza intertransferencial,

---

12 *Ibid.*, p. 184.

mas também o do grupo conjugal deles, quando o encontro de suas cadeias associativas formar um discurso grupal.

Nós seremos igualmente sensíveis e atentos aos efeitos de acordos e desacordos entre os fluxos associativos de cada parceiro e entre os dos parceiros e os do analista, notadamente.

Nós nos esforçaremos em reparar os pontos de amarração que representam os sujeitos fóricos e as alianças inconscientes no seio dessa configuração conjugal.

Sublinhemos que esse material clínico, associativo e transferencial, comporta efeitos traumáticos importantes para o analista, que pode às vezes se sentir sobrecarregado e esgotado.

As capacidades identificatórias do analista

Contudo, não existe escuta sem identificação; daí a necessidade de abordar as capacidades identificatórias que são solicitadas do analista em sessão.

E, em primeiro lugar, o que provém da identificação primária, como sublinhado por numerosos autores.

Com efeito, a enunciação da regra fundamental, portanto o convite à associação livre, mobiliza os processos de identificação primária para construir no analista um mundo comum de representações e de afetos com seu paciente.

Para ouvir o outro, compreender, sentir o que o outro sente, não é preciso, por instantes, ser capaz de se tornar esse outro?

A partir dessa disposição fundamental, feita de abertura incondicional ao psiquismo do paciente, a capacidade de identificação histérica do analista intervém para lhe permitir esposar pontualmente os movimentos do paciente, sempre preservando em si uma mobilidade suficiente para se desvencilhar.

O paciente pode às vezes se sentir enredado, fora de toda possibilidade de representação, em uma identificação arcaica que virá lhe assinalar no *après-coup* que seu campo psíquico é alvo de uma identificação projetiva de seu paciente.

E quanto às identificações secundárias do analista na integração de sua bissexualidade psíquica?

O trabalho do analista se apoia em suas identificações femininas e receptivas, até mesmo passivas, que são solicitadas, ou seja, em sua capacidade para se deixar penetrar pelas representações estranhas (porque estrangeiras) do pacientes e para se familiarizar com elas, a fim de que elas possam se tornar objetos introjetáveis.

Já o manejo da interpretação em que a fala invasora carrega seu valor nutritivo, encarna o registro de seu valor nutritivo, encarna o registro de suas identificações masculinas e paternas.

Todas essas identificações são necessariamente mobilizadas em todo trabalho com casais, quer sejam eles heterossexuais ou homossexuais. Contudo, é a complexificação de todos esses processos identificatórios que predomina, dada a pluralidade dos objetos de investimento presentes.

A economia psíquica do analista

Em primeiro lugar, *vamos distinguir em todo paciente dois objetos de investimento: a pessoa do paciente e seu funcionamento psíquico.*

A pessoa do paciente é objeto de um investimento libidinal plural.

Já seu funcionamento psíquico é objeto de um investimento libidinal inibido quanto à meta, e que se apoia no investimento narcísico do funcionamento do analista em sessão, mas também no investimento de seu trabalho e de seu método (Denis, 2010).

Acrescentarei, na esteira de Parat (1967), que associa ali certamente um investimento homossexual sublimado, toda atividade profissional correspondendo ao "mundo dos outros" da organização edipiana do estágio genital.

Com casais, o analista será confrontado, por um lado, à pessoa de cada parceiro, ao casal enquanto grupo, e, por outro lado, ao funcionamento psíquico de cada qual e ao do grupo. Daí um investimento libidinal plural, de nível energético elevado, com seus perigos traumáticos, que lhe será preciso controlar com a ajuda de um sistema para-excitações eficiente. O que explica um estado de fadiga frequente no decurso das sessões.

Quanto à sua psicossexualidade inconsciente, esta é particularmente solicitada ao longo de um trabalho individual, e, mais ainda, com casais.

Evoquemos a oralidade, com sua necessidade de ser alimentada por associações dos dois parceiros e do casal, assim como o prazer de alimentar seus pacientes de intervenções e de interpretações.

Em seguida, os desejos voyeuristas do analista, que são estimulados pela representação de um casal entrando em ressonância com fantasias de sedução e de cena primitiva. Encontramos igualmente sua pulsão de investigação com seu desejo de saber e de compreender, portanto de busca e de controle de um sentido. Sua analidade, com sua função esfincteriana de abertura e de fechamento, contribuirá para selecionar o material verbal, associativo, e não verbal, dos dois parceiros e do casal. A analidade e seu par ativo-passivo contribuirão para determinar seu modo de escuta. Sem esquecer seu desejo de domínio e de controle, assim como sua tenacidade.

O par fálico-castrado é igualmente mobilizado com seus momentos de potência e de impotência, quando o analista é confrontado a certas situações que suscitam um sentimento de triunfo ou de incapacidade, de fracasso, portanto de castração. Enfim, repitamos que sua bissexualidade psíquica se manifestará em suas capacidades identificatórias tanto feminina quanto masculina.

Condições fundamentais e aspectos táticos do trabalho com casais

O trabalho psicanalítico com casais, que se inscreve inevitavelmente no *après-coup*, representa um espaço-tempo intermediário, transicional, entre seu sofrimento, correspondente a um fracasso de seu trabalho de casal, e, por um lado, a descoberta de seu funcionamento psíquico conjugal e o de cada parceiro, por outro lado, a advento de mudanças benéficas enfim possibilitadas pela obtenção de meios favoráveis à realização de um trabalho de casal bem mais satisfatório, cujas incidências serão positivas sobre duas outras realidades conjugais, corporal-sexual e sociocultural.

Considero que se a estratégia do trabalho psicanalítico com casais se fundamenta, por um lado, na interpretação de seus múltiplos movimentos transferenciais – provenientes da contratransferência compósita do analista – e, por outro lado, se refere aos três níveis de sua realidade psíquica (grupal, intersubjetiva e individual), esse trabalho comporta necessariamente condições fundamentais e aspectos táticos que vamos examinar.

O duplo uso do silêncio "bem temperado", não apenas do analista, mas também do parceiro conjugal, que deve escutar, sem interromper seu parceiro

No tratamento individual, segundo Grunberger[13] (1971), o silêncio visa a constituir uma "união narcísica" com o paciente, permitindo-lhe restaurar sua integridade narcísica ferida. Ele comporta, pois, uma função de restauração narcísica do paciente. Com efeito, o respeito e a restauração do narcisismo do paciente são os elementos fundamentais de todo processo analítico.

---

13 *Op. cit.*, *Le narcissisme.*

O silêncio põe também o acento sobre a atividade psíquica do próprio paciente como motor do tratamento, ajudando a preservar a autonomia de seus processos e sua apropriação subjetiva (Donnet, 2005).

Se o silêncio abrange duas acepções, a do vazio e a da abstinência verbal, estas, em todos os casos, devem ser postas em relação com o intenso trabalho de elaboração ao qual se dedica o analista durante sua escuta silenciosa. Componente do enquadre, o silêncio do analista é solidário dos outros parâmetros que definem a situação analítica. O fundamento do silêncio em análise é tornar possível a emergência da *representação* (Green, 1990).

Ele se torna como que o pano de fundo sobre o qual se desenrola um pensamento associativo, assim como "constitui o pano de fundo sobre o qual vão se mover (ou se comover), se desenhar, se escrever, se compor as figuras projetivas do paciente. Ele será como que um *a priori* da interpretação[14]".

Todavia, em nosso trabalho com casais, o analista deve "jogar" com o silêncio e a distribuição da fala entre os dois parceiros, a fim de favorecer neles a função de representação e os processos de simbolização.

Facilitação da verbalização em comum dos pensamentos, afetos e fantasias

Nós facilitaremos a verbalização em comum dos pensamentos e afetos que subjazem aos conflitos e aos sintomas, assim como a da expressão das fantasias e sua circulação – o que corresponde à atividade interpretativa dos parceiros – convidando cada qual a dizer o que imagina da realidade psíquica do parceiro e da realidade conjugal.

Com efeito, tratar-se-á para isso de instaurar um enquadre narcísico seguro e de suscitar um investimento de confiança na pessoa do

14 *Op. cit.*, p. 373.

analista, o que ajudará os dois parceiros a superar suas resistências a dizer, e sua fobia ao desvelamento de seu mundo interno, em particular. Eles poderão assim verbalizar e conversar sobre seus pensamentos, seus afetos e suas fantasias, e depois confrontá-los nas situações da vida cotidiana e nos acontecimentos de sua história pessoal e / ou conjugal.

Essa verbalização em comum mobilizará seu pré-consciente e favorecerá sua expansão, em particular.

A distribuição da fala entre os dois parceiros e o apoio do encadeamento das associações individuais e conjugais

O analista, senhor e guardião do *jogo psicanalítico* (Parsons, 1999, citado por Donnet, 2005), tem por função distribuir a fala entre os dois parceiros e ao mesmo tempo preservar o discurso do falante, bem como manter silencioso e atento o ouvinte. Ele poderá também deixá-los associar entre eles, permitir-lhes uma livre circulação de palavras, afetos e fantasias, na medida em que não identifique resistências inconscientes. Com efeito, certas associações supostamente "livres" servem às resistências articuladas em casal. Um processo grupal está então em ação. Daí porque, quando o analista pode identificá-las, deve interromper o processo associativo conjugal deles e informá-los a respeito, e então levá-los a refletir e descobrir um sentido juntos.

Em definitivo, o analista com os casais deve constantemente *jogar com sutileza* entre duas atitudes, ativa e passiva, a serviço da dinâmica processual da sessão.

A ajuda à "reformulação" e à explicitação de certos conteúdos expressos, ou seja, atribuir valor ao que é verbalizado e ajudar o seu desenvolvimento

> Paciente: "Fiquei muito surpresa e desamparada quando soube disso..."

Analista: "Você ficou muito surpresa e desamparada... Poderia explicar melhor e desenvolver?"

Esse aspecto tático tem uma função narcizante para a falante, mas também uma função de estimulação de sua função de representação e de simbolização, assim como de mobilização do investimento da escuta de seu parceiro, até mesmo de estimulação de sua pulsão de investigação e de libidinização do laço deles em sessão.

O "empréstimo" de representações e de afetos tão necessário, ou seja, oferecer temporariamente um "ego auxiliar" a um dos parceiros, até mesmo aos dois

Segundo Marty (1990), e particularmente com os pacientes psicossomáticos, o exercício de uma *função materna*, que repousa sobre as *possibilidades maternas do terapeuta*, mulher ou homem, é requerido, e consiste em "um acompanhamento sobretudo, mas não exclusivamente, verbal que confina com, segue ou precede os estados e os movimentos do sujeito[15]".

O analista oferecerá assim seus próprios sistemas elementares de sensibilidade, de representações, de comportamentos, eventualmente de defesas rudimentares e desempenhará progressivamente o papel das funções falhas em seu paciente.

O que é válido e justificado com certos parceiros conjugais, falhos no plano da verbalização das fantasias e dos afetos.

Assim, quando coloco a questão seguinte a um dos dois, mais frequentemente ao homem:

Analista: "O que você sente ao escutar o que nos diz a sua companheira, o que isso faz com você?"

Paciente: "Eu penso que..."

15 *Op. cit.*, *La psychosomatique de l'adulte*, p. 96.

Analista: "Eu não pergunto, por enquanto, o que você pensa, mas o que você sente, o que você experimenta".

Paciente: "Eu não sei".

Analista: "Vou te ajudar: isso te surpreende, te espanta, te deixa triste, ou com raiva, ou melhor, te inquieta; ou pelo contrário, te agrada, te dá prazer..."

Paciente: "Eu diria que me espanta e me deixa triste".

Analista: "Então isso te espanta e te deixa triste. Você poderia imaginar isso, senhora?"

Assim, essas sessões de trabalho com certos casais ajudarão certos cônjuges, mais frequentemente os homens, a desenvolver suas capacidades de fantasiação e de simbolização, assim seu pré-consciente, através de seu parceiro e do analista, que de fato terá um papel materno nele, "oferecendo-lhe" temporariamente um "ego auxiliar".

Intervenções ligantes e simbolizantes, anteriores à atividade interpretativa

Trata-se da operação essencial da ligação.

O analista, em certas ocasiões, ao invés de deixar se desenrolar um filme ou o fio associativo, pontuará o discurso por intervenções, ligando os "farrapos do discurso" (Green, 1990). A ligação assim operada tem por meta re-ligar os elementos desligados, para poder, em um certo momento, interpretar e não mais apenas intervir.

> *Há dois tempos na simbolização, nos indica Green (1990): o primeiro religa os termos do consciente, o segundo utiliza as ligações estabelecidas para religar com o inconsciente clivado. Esse trabalho de ligação e de religação se contrapõe ao trabalho das pulsões de destruição. Para ser eficaz, ele deve ser superficial. Esse trabalho na* superfície,

> *ao nível das associações, tem por meta constituir um pré-consciente que, no mais das vezes, não desempenha sua função de mediador ou de filtro, nos dois casos, entre consciente e inconsciente.*[16]

O que percebemos também com casais, religar os "farrapos de discurso" de cada um dos parceiros, depois os articular entre eles, construir um discurso conjugal a fim de ativar e de desenvolver o pré-consciente de cada qual e o do casal.

Atividade interpretativa

Alguns registros da transferência

Antes de abordar as especificidades das manifestações transferenciais com casais, gostaria de relembrar brevemente alguns registros transferenciais no trabalho individual que nos serão muito úteis, e depois algumas particularidades das manifestações transferenciais na situação de grupo.

No tratamento típico

A transferência dinâmica implica, da parte do paciente, *um investimento da neutralidade*, ou seja, a possibilidade de viver o analista em todos os registros possíveis, o que exige do analista uma atitude comparável: uma contratransferência dinâmica que possa aceitar todas as expressões transferenciais possíveis (Bouchard[17], 2000).

Essa atitude implica, contudo, um reconhecimento da alteridade do analista e uma distinção implícita entre sua pessoa e sua função, entre o analista objeto de transferência e o analista intérprete.

---

16 *Op. cit.*, p. 395.

17 Bouchard, C. (2000). Peut-on interpréter le transfert négatif? *Revue Française de Psychanalyse*, 64 (2), 383-393.

A transferência negativa representa uma transferência "monovalente", "demasiado" hostil ou "demasiado" erótica, que interrompe o movimento do processo analítico e paralisa o tratamento em um "movimento imóvel" (Denis, 2010).

Quanto à *transferência lateral*, ela se opõe à transferência, na medida em que exporta a repetição a um outro objeto e em um outro espaço.

Se a transferência exprime na sessão, aqui e agora, alguma coisa que se passou alhures e outrora, a transferência lateral exprime fora da sessão, em um outro objeto, a transferência operada sobre o analista.

De fato, ele busca evitar os excessos no aqui e agora, daí sua função de regulação econômica que cumprem seus movimentos de lateralizarão.

Sem esquecer a *transferência à palavra*, requerida pelo método e suas vicissitudes tais como os *atos* de fala como modos de expressão da resistência *ao dizer*.

Donnet avalia que o "*ato de fala* [...] parece realizar - e mesmo significar - a neutralização dos desafios da fala, e isso a ponto de incluir o dizer da transferência. O resultado é que a fala se endereça ao analista em pessoa de um modo direto, *operatório*, refletindo um pensamento de tipo concreto. Há neutralização - no sentido pulsional - da / na transferência à palavra[18]".

Isso pode dar testemunho no paciente de uma fobia de seu funcionamento mental, mas também de uma negatividade. O *ato de fala* interrompe o fluxo associativo.

No início de uma sessão, o paciente diz a seu analista: "Quais são as datas de suas próximas férias?" Ou então, durante a sessão, depois de um silêncio ao longo do qual uma paciente investe

18 *Op. cit.*, p. 74.

sobretudo sua sensorialidade a serviço da observação dos objetos do consultório do analista:

"É nova essa pequena escultura?"

Mas também, depois do relato de um fragmento de sonho: "O que o senhor pensa do meu sonho, doutor?", ou ainda "Como devo compreender a atitude da minha mãe?", e "O que eu deveria fazer?"

O paciente então se desvia de seu mundo interno, de seus próprios pensamentos, para investir sensorialmente os elementos do enquadre material do analista ou psiquicamente o que se passa ou se supõe passar no analista, ou ainda o que ele projeta no analista.

Especificidades das manifestações transferenciais nos grupos

O grupo é lugar de emergência de configurações particulares da transferência.

Kaës retoma os quatro objetos transferenciais identificados pelo seu colega A. Bejarano[19] (1972):

- a transferência central de cada membro do grupo ao psicanalista que funcionaria como imago paterna arcaica ou como imago edipiana proibidora ou imago benevolente e idealizada;
- a transferência grupal, ao grupo, enquanto objeto de investimentos pulsionais e de representações inconscientes;
- as transferências laterais aos outros membros do grupo como imagos fraternas;
- a transferência ao fora-do-grupo (o mundo exterior, lugar de projeção da destrutividade individual e lugar de esperança).

Encontram-se nos casais esses três primeiros objetos de transferência.

19 *Op. cit.*, citado em *L'extension de la psychanalyse.*

Além disso, os objetos psíquicos inconscientes são transferidos ao mesmo tempo ou sucessivamente ao grupo, segundo as transferências de cada participante e o desenvolvimento do processo grupal, ao passo que eles se manifestam sucessivamente no tratamento individual.

Como os outros membros do grupo, o psicanalista é objeto de transferências simultâneas ou sucessivas de vários sujeitos e não é o *único* objeto de transferência.

Além disso, na situação de grupo, constata Kaës (2015), nós lidamos com um duplo processo de *difração* e de *conexão* de transferências.

Com efeito, "a difração da transferência é o regime prevalente no grupo. A difração dos objetos de transferência ao conjunto dos membros do grupo, ao grupo e ao analista, ou seja, aos objetos predispostos a recebê-la em vários lugares psíquicos, não é uma diluição da transferência, mas uma repartição econômica das cargas pulsionais que são ligadas a esses objetos[20]".

Contudo, esses objetos e lugares de transferências estão também em *interconexão.*

E quanto ao nosso trabalho com casais?

Tudo o que foi evocado quanto a alguns registros da transferência no trabalho individual e às especificidades das manifestações transferenciais nos grupos é evidentemente válido e muito precioso no meu trabalho com casais, embora com algumas particularidades bem acentuadas.

Antes de tudo, lembremos que esse dispositivo em face-a-face favorece mais a relação com o analista *em pessoa*. Consequentemente, o face-a-face é menos propício à captação da transferência enquanto tal. Quer seja a de cada um dos parceiros ou do grupo conjugal.

---

20 *Ibid*,. p. 173.

Com no dispositivo de grupo, encontraremos uma difração e uma conexão dos objetos de transferência.

Poderá existir uma diferença de investimento transferencial da pessoa do analista entre os dois parceiros, conforme os momentos da terapia, ao passo que o grupo conjugal terá e manterá seu próprio investimento transferencial, variável igualmente em função dos períodos do trabalho com o analista.

Quanto à relação intersubjetiva entre os dois parceiros, defendi que ela era parcialmente constituída por movimentos intertransfenciais constitutivos de uma neurose intertransferencial repetindo e permitindo reconstruir certos aspectos da neurose infantil dos parceiros. Ela participa também da difração e da conexão dos objetos da transferência.

Haverá, pois, um investimento transferencial múltiplo e recíproco das imagos encarnadas por cada qual, quer sejam materna, paterna ou fraterna, em particular. Esse investimento deve ser diferenciado daquele de sua própria pessoa, em sua subjetividade e identidade.

Que se pode dizer disso ao longo da terapia?

Essa neurose intertransferencial se exibe, se deixa ver e escutar na presença do analista, que reagirá por sua contratransferência específica, diferente da contratransferência que responde à transferência de cada parceiro e à do grupo conjugal.

Além disso, como no face-a-face individual, se o analista se esforça em preservar o funcionamento associativo e o *après-coup*, ele, porém não dispõe de uma temporalidade análoga àquela do tratamento individual. Sua relação com o tempo é modificada e ele é levado a intervir com mais frequência. Enquanto *senhor do jogo analítico*, suas intervenções serão também ditadas pela necessidade de distribuir a fala entre os dois parceiros, sempre lhes dando a liberdade de interagir, correndo o risco de esquecer a presença atenta e voyeurista do analista. "Eles se dão em espetáculo diante de seu analista".

Quanto às diversas formas de transferência à palavra e aos atos de fala dos dois parceiros, alguns esclarecimentos se impõem.

Com efeito, em nosso trabalho com casais, a regra fundamental é modificada, pois a obrigação de dizer tudo é substituída pela liberdade e o direito de dizer tudo e pela possibilidade de guardar para si, em si, na presença do parceiro. Resulta disso que a conflitualidade do dizer se mostra necessariamente reduzida. Contudo, ao menos duas outras conflitualidades, importantes e bastante regulares, se manifestam.

A primeira é inerente à presença do parceiro, virtualmente geradora de ansiedade e inibidora, fonte de resistência *a dizer* o que vem à mente, tanto ao analista quanto ao cônjuge.

A segunda é ligada ao trabalho individual efetuado por um dos parceiros ou ambos. Eles não sabem se podem ou devem exprimir, em seu espaço-tempo de sessão em casal, certos pensamentos, afetos, lembranças de infância, fantasias, em relação com sua história pessoal, que lhe vêm à mente espontaneamente e que eles avaliam dever reservar a seu trabalho individual, portanto a *seu* analista. Assim também, podem hesitar em comunicar certos aspectos elaborados ou certas descobertas feitas em sessão individual, com toda uma dimensão transgressiva subjacente, até mesmo de traição de *seu* analista.

Quanto aos atos de fala, penso que, por um lado, o dispositivo face-a-face, mobilizando o investimento sensorial e motor, e, por outro lado, a modificação da regra fundamental os favorecem, com todas as suas implicações. Assim como a constante comparação e a diferença de investimento entre o trabalho individual, seu espaço-tempo e o do trabalho em casal, com elementos de transferência lateral, de um ao outro e reciprocamente.

Por fim, quanto à dinâmica e à economia do *grupo terapêutico* e da transferência plural dos dois parceiros e do grupo conjugal a esse grupo, já consideramos as alianças inconscientes em ação e as fantasias originárias reativadas. Contudo, esse *grupo terapêutico* representará também um dos motores do nosso trabalho com casais e sua evolução dependerá, por um lado, de seu investimento, narcísico e homossexual sublimado, e de sua dinâmica animada de conflitualidades plurais.

Gostaria igualmente de mencionar uma observação, feita em algumas ocasiões, que se refere a certos casais nos quais um dos parceiros nunca pôde realizar um trabalho individual duradouro, tendo-o interrompido uma ou várias vezes, com diversos profissionais. Então ele ou ela enfim *encontrou* (ou *reencontrou*?) esse dispositivo de trabalho em casal, portanto na presença de seu parceiro ou parceira, que se mostrou bem mais satisfatório o que eu traduziria por narcisicamente seguro e reconfortante. As necessidades regressivas desse parceiro necessitavam provavelmente de uma presença materna que reatualizasse a díade mãe-criança, permitindo-lhe satisfazer suas necessidades simbiótico-fusionais e uma completude narcísica.

Uma outra hipótese seria de que esse parceiro não pudesse talvez tolerar um objeto único de transferência em um trabalho individual e que esse dispositivo grupal de trabalho lhe permite difratar seus movimentos transferenciais, o que é, no plano econômico, menos traumático e, portanto, menos desorganizador e menos gerador de ansiedade.

Muitos pacientes nunca empreenderão um trabalho individual, mas *utilizarão* e se beneficiarão do trabalho em casal, na presença de seu parceiro, para realizar ao mesmo tempo um trabalho individual, o que integra também minha concepção do trabalho com casais. Eis uma feliz oportunidade para esses pacientes.

Características de nossa atividade interpretativa

Relembremos que nossa atividade interpretativa dirá respeito aos três níveis estrutural-funcionais, grupal, intersubjetivo e individual-intrapsíquico e que, por outro lado, ela apresentará notadamente certas especificidades ligadas às configurações transferenciais e às particularidades do processo associativo e da interdiscursividade.

Ela poderá colocar em evidência, em cada um desses níveis, os diversos modos de expressão do fracasso do trabalho de casal dos dois parceiros.

No nível grupal

Nós poderemos identificar, a partir, por um lado, das associações verbais, sucessivas e/ou simultâneas, interdiscursivas, dos dois parceiros, e de seus significantes não verbais – sustentados por seus processos psíquicos individuais que se articularão então em processo grupal – e, por outro lado, de alguns movimentos transferenciais conjugais, o que exprime sua realidade psíquica inconsciente, ou seja, o que lhes é *comum e partilhado*, verbalizado ou não, pelo *nós*.

Nós pensamos, *nós* sentimos, *nós* imaginamos, *nós* temos vontade de ter um filho, *nós* temos o projeto de comprar um apartamento, *nós* queremos interromper nossa terapia.

Assim, como o exprime claramente Kaës (2015), "a interpretação aponta as construções comuns e partilhadas, e especialmente aquelas que estão na base do sofrimento ou dos conflitos patógenos do conjunto, tais como eles resultam dos processos e das formações do laço intersubjetivo e do conjunto. Entre essas construções comuns, dou uma importância de primeiro plano às alianças inconscientes defensivas e patógenas[21]".

Com efeito, nosso trabalho interpretativo desses *materiais conjugais* nos permitirá fazer descobrir ao casal certas fantasias inconscientes, organizadoras de sua realidade conjugal, algumas de suas angústias, comuns e partilhadas, suas alianças inconscientes,

---

21 *Ibid.*, p. 184.

ofensivas e defensivas, até mesmo patógenas, que sustentam sintomas partilhados, certas funções fóricas de um dos parceiros, mas também resistências, comuns e partilhadas. Assim como certos aspectos de sua cultura conjugal se desvelarão ao longo do discurso deles.

No nível intersubjetivo

Nossa atividade interpretativa dirá respeito igualmente às *modalidades variadas de sua relação intersubjetiva* no seio da qual se atualizam seus sistemas de relações de objeto, em seus registros narcísico e pré-genital, assim como seus complexos de Édipo e fraterno postos em relação. Todos esses elementos, parcialmente constitutivos de sua neurose inter-transferencial, nos permitirão reconstruir, com os dois parceiros, alguns fragmentos de sua neurose infantil que eles puseram em comum. Mas também ajudá-los a iniciar um trabalho de elaboração.

Além disso, traremos à tona algumas de suas conflitualidades estruturais.

No nível individual

Nesse nível, considero que esse lugar e essa situação analisante específicas do trabalho com casais oferecem a oportunidade a cada parceiro de realizar um trabalho pessoal na presença do outro. Além disso, constatamos que o investimento recíproco da história e do funcionamento psíquico de cada parceiro, um dos objetos do nosso trabalho, portanto a descoberta de certos aspectos enfim verbalizados de sua vida psíquica, notadamente inconsciente, pode favorecer rearranjos pessoais e intersubjetivos, pela supressão de representações, de afetos e de fantasias produzidas e mantidas pelo outro ao longo do tempo, revelando-se então errôneas após seu confronto com a realidade psíquica desvelada do cônjuge. Também nos dedicaremos a explorar as relações do ego de cada parceiro com o objeto amoroso e o objeto-casal, a identificar notadamente a natureza das angústias e das defesas correlatas mobilizadas, assim como as relações conflituais entre esses dois objetos.

Contudo, nós encontramos e devemos sempre confrontar em nosso caminho, quaisquer que sejam os momentos, os períodos, os modos de expressão e os níveis de intensidade, os dois principais inimigos que, segundo Green (1990), põem em xeque nosso poder e nosso trabalho: a combinação da repetição e da destrutividade.

Alice e Jean

Eis um exemplo de atividade interpretativa referindo-se aos dois níveis, primeiro individual, depois intersubjetivo, determinada por uma dinâmica transferencial-contratransferencial específica que excluiu, de fato, a tomada em consideração do nível grupal.

Alice, 42 anos, e *Jean*, 55 anos, vieram me consultar em uma situação muito crítica, enviados por um sexólogo que estava tratando Jean. Alice vive uma relação extraconjugal que se tornou insuportável para Jean, pois, ela não deveria ter evoluído dessa maneira, segundo Jean, e segundo os "acordos decididos juntos previamente".

Alguns elementos biográficos do casal

Eles se conheceram há vinte anos, em Paris, em um jantar com amigos. Alice tinha então 22 anos, sedutora esteticista que vivia na Bélgica. Jean, com 35 anos, é um rico negociante de vinhos, divorciado, com um filho pelo qual não é o responsável. Ele se apaixona à primeira vista, o que não é partilhado por Alice, que vive esse encontro diferentemente. Contudo, ela se sente atraída por esse homem seguro, muito inteligente, generoso e confiável, no qual ela poderia se apoiar. Ao passo que, para Jean, Alice é uma mulher muito bonita. Afora a sensualidade e inteligência dela, ele foi tocado por sua sensibilidade e fragilidade. A história deles começa muito rapidamente, Jean a cumula de presentes e de palavras amorosas. Eles se instalam juntos muito rapidamente. Ele fica ainda mais surpreso porque não tinha pensado em "refazer a vida", mas sim em ter histórias sem grande importância. E ainda assim!

Quanto à sua vida de casal, ela exprime ainda uma certa reserva, mas a aceita. Todavia, ela conservará uma forte ambivalência, cuja componente hostil permanecerá inconsciente e muito contrainvestida, mas por um tempo indeterminado. Muito rapidamente ela exprime um desejo de ser mãe, ao qual ele não se opõe. Nasce assim Jules, e Claire, três anos depois, e Alice se dedica a eles totalmente, a ponto de perder sua autonomia. Eles viverão anos conjugais muito felizes, *a priori*.

À distância, Alice tomará consciência de uma certa alienação tanto em seu casal quanto em sua vida familiar, o que determinará sua entrada em um período de crise profunda, pessoal e conjugal. Jean, por sua vez, viverá graves dificuldades profissionais, acompanhadas de uma forte queda de seus rendimentos. Eles trocarão a França pelo Canadá, onde ele tentará "se restabelecer". Isso acontecerá parcialmente, mas a crise conjugal é grave e profunda. Ela evoca a separação e ele não suporta essa ideia, a ponto de querer se suicidar. Eles consultam então um terapeuta de casal, depois começam uma terapia que logo interromperão. Após alguns anos, retornam à França, só com a filha Claire, então uma adolescente de 15 anos, enquanto o filho Jules, então com 18 anos, seguirá seus estudos no Canadá. Em Paris, é a crise conjugal que perdura e se intensifica. Após ter retomado os estudos alguns anos antes, Alice se tornou puericultora. Ela muito rapidamente encontrou um emprego em uma creche, ao passo que Jean se vê sem emprego, em uma situação financeira muito precária. É nesse contexto que ela evoca o desejo de uma relação extraconjugal. O encontro de seu amante, "autorizado" e "oferecido" pelo seu marido, e o prolongamento imprevisto dessa relação, vão agravar ainda mais sua crise conjugal. Com efeito, a duração inesperada dessa relação não agradou a Jean e o deixou inquieto. Ele pediu a Alice que desse fim àquilo, mas ela se opôs, não pôde. Ela se sentia em dúvida e perdida, indecisa, mas também dividida entre a pressão de seu marido e as manipulações perversas do seu amante, que lhe serve igualmente de instrumento de distanciamento, de libertação e de poder de decisão com relação ao controle exercido por seu marido. É nesse contexto explosivo que eles vieram me consultar.

Alice

Nascida na França, a mais velha de dois filhos, com um irmão dois anos mais novo, sua mãe rapidamente fica doente e será frequentemente internada em hospital psiquiátrico devido a episódios depressivos. Além disso, Alice é muito jovem quando seu pai os abandona. Diante dessa situação, eles partem para a Bélgica, ficando na casa da avó materna, que terá um grande papel em sua infância e adolescência. Com efeito, ela se ocupará de seus netos, pois a mãe será incapaz disso. Contudo, essa avó estará no controle e no domínio que se tornarão insuportáveis para Alice. Ela abandonará, assim que possível, esse ambiente familiar patogênico, fonte de perigos e de insatisfações múltiplas. Depois de concluir o ensino secundário, empreenderá estudos de esteticista enquanto faz "pequenos bicos", conhecerá homens sem desejo de construir uma vida de casal até seu encontro com Jean. Todavia, mesmo com ele, de início ela não desejará uma vida conjugal, estando indecisa e provavelmente com medo de se fechar e de se sentir novamente dominada. Essa infância desastrosa de Alice, marcada por uma muito provável depressão, parecia irreparável. O casal que formou com Jean e o desejo dela de maternidade deverão, pois, reparar a garotinha fortemente lesada pelas carências e ausências parentais que determinaram falhas narcísicas precoces. A função antidepressiva do casal e da maternidade fica então evidente.

Jean

Ele nasceu em uma família em que o pai, judeu de origem polonesa, foi deportado a um campo de concentração durante a Segunda Guerra Mundial. Apresentado ao mesmo tempo como um herói e um "mulherengo", ele infligiu a Jean alguns abusos que fizeram dele objeto de um investimento fortemente ambivalente. Já sua mãe é descrita como uma mulher desinteressante, distante, pouco afetuosa. Jean se situa no meio de um conjunto de três irmãos, que em sua maioria alcançaram uma situação profissional satisfatória. Após estudos de comércio e de enologia, ele se tornou um negociante de vinhos muito próspero.

Ele, pois, sofreu com uma falta de amor por parte de sua mãe – que ele tinha de partilhar com os irmãos, o que engendrou uma rivalidade feroz – e com violências de seu pai, tão admirado quanto odiado. Ele não lhe perdoará, por exemplo, que tenha feito a sua mãe sofrer por conta das numerosas aventuras extraconjugais.

Casou-se aos 25 anos e se tornou pai de um menino. Contudo, se separou muito rápido e se tornou novamente solteiro, não querendo se casar novamente e ainda menos ter outros filhos...

Elementos de estruturação do casal

O encontro deles foi terapêutico, com finalidade principalmente reparadora e antidepressiva. É provavelmente o principal objeto de sua aliança inconsciente defensiva ou pacto denegativo (Kaës, 2009). Tratava-se para ambos de reparar, pelo objeto amoroso e por seu casal, traumas, sofrimentos e faltas – de natureza essencialmente narcísica, tendo engendrado afetos depressivos.

O que os une igualmente é um ódio inconsciente do progenitor do sexo oposto, transferido ao parceiro e fortemente contrainvestido por motivos ternos e eróticos. Assim como um ódio dirigido ao progenitor do mesmo sexo.

Eles também são animados por uma fantasia edipiana, comum e partilhada, de triunfo sobre os pais falhos, baseada no desejo de serem melhores pais que os deles, assim como melhores marido e mulher, o que sugere a constituição de uma aliança inconsciente ofensiva (Kaës, 2009).

Atividade interpretativa e dinâmica de transferência--contratransferência

Eles estão em um tamanho sofrimento que me atribuem um papel de "terapeuta de casal de emergência".

"Calorosamente recomendado por um sexólogo", segundo a expressão de Jean, eu estou já e desde o início investido enquanto um "profissional muito bom", o que sugere desde a primeira entrevista um movimento transferencial, individual e conjugal, fortemente positivo, até mesmo idealizante, determinando uma confiança fundamental e fortes expectativas, de cuidados e de benevolência narcísica. Ele me disse logo no início que tinha visto algumas de minhas conferências na internet, as quais tinha particularmente apreciado.

Eu represento uma figura transferencial tanto paterna sólida e protetora, idealizada, quanto materna, acolhedora e benévola. Além disso, imaginei facilmente a vinda próxima de movimentos hostis, em particular, em caso de decepção ou de ferida narcísica reativada.

Com efeito, a intensidade ambivalente da transferência deles se manifestará muito rapidamente e determinará em mim movimentos contratransferenciais também fortemente ambivalentes, que contribuirão para produzir sessões difíceis, caracterizadas por um estado de tensão crescente ao longo de cada uma delas. Consequentemente, eles condicionarão o meu trabalho de interpretação a ponto de participar do ritmo, do estilo (acadêmico), da escolha do nível estrutural-funcional da realidade psíquica do casal e do conteúdo de minhas intervenções, que serão então recebidas por Alice e Jean com uma nítida ambivalência, marcada por reconhecimento, admiração, mas também reserva, até mesmo crítica e contestação. Eis uma ilustração exemplar do processo de interpretação procedente de meus movimentos contratransferenciais.

Jean "fagocita" regularmente o tempo de fala em detrimento de Alice, o que me força a interrompê-lo, de maneira recorrente, e com algumas dificuldades. Curiosamente, Alice não parece querer interrompê-lo para se expressar e se beneficiar assim de seu espaço temporal legítimo. Pressuponho então a existência de uma "aliança conjugal inconsciente" (Kaës, 2009). Ao fazer isso, "ele me obriga" a ultrapassar regularmente o tempo da sessão. Eu me sinto gradualmente invadido por sua logorreia contínua, insaciável, que acompanha seu olhar dominador, que exerce assim um controle sobre mim. Minha tensão e minha irritação são ainda mais fortes por eu estar também preso pela regra da associação livre que, ali, está manifestamente a serviço de resistências latentes, tanto individuais quanto conjugais.

Sua necessidade de fagocitar o tempo de cada sessão, que ele prepara e aguarda com impaciência, ele especificará, me permite imaginar sua natureza tanto intertransferencial, de ordem fraterna, quanto transferencial, de tipo materno. Tratar-se-á ali de uma reatualização de um fragmento de sua neurose infantil, a saber, de um aspecto de seu complexo fraterno e de um modo de relação de objeto anal a sua mãe. De fato, como no universo familiar da sua infância, cabe-lhe em sessão, na minha presença materna disponível e benévola, capturar minha atenção em detrimento de sua mulher, no quadro de uma dolorosa e feroz rivalidade fraterna. Isso suscita em mim afetos e atitudes contratransferenciais muito ambivalentes, associando as de invasão e de controle, vividas passivamente, que me informaram de certos elementos invasivos do comportamento conjugal de Jean com Alice, e da maneira como ela pode vivê-los, assim como da dimensão fortemente sádico-anal da relação intersubjetiva deles. Alice reagirá a isso com atitudes defensivas de zombaria, portanto de hostilidade disfarçada.

Já os meus afetos de solicitude, de irritação e de injustiça experimentados com relação a Alice me permitem representar, para mim, as carências de cuidados das quais ela pôde sofrer.

Contudo, por trás desse "controle" transferencial e intertransferencial exercido por Jean, e para além da minha irritação contratransferencial, eu percebi e imaginei nele uma aflição infantil associada a um acentuado componente masoquista que se articula com um componente sádico que eu entrevi em Alice.

Tendo reparado muito cedo nesses jogos de transferência-contratransferência, sou mesmo assim levado a dever regularmente interromper Jean para oferecer a palavra a Alice. É assim que eu comunico uma longa interpretação *individual* a Jean, que eu tinha adiado e refletido para que tivesse o estilo de formulação o menos doloroso narcisicamente e o mais inteligível. Com efeito, os meus movimentos contratransferenciais me *forçaram e conduziram* primeiro rumo ao nível individual, e depois ao nível intersubjetivo, excluindo o nível grupal do casal. Além disso, o estilo acadêmico, didático, será igualmente de natureza contratransferencial:

> *Eu me interrogo há algum tempo sobre a sua necessidade de monopolizar regularmente a palavra nas sessões, e imaginei que, nessa atual situação, enquanto representante de uma figura materna da sua infância, para o seu imaginário inconsciente, você precisasse de minha atenção exclusiva – em detrimento da sua mulher, posta então em posição de irmão –, pois você certamente sentia falta dela, devido ao fato de que precisava evidentemente dividir essa atenção com seus irmãos. Além disso, eu me dizia que, ao me forçar a interrompê-lo de maneira recorrente e, mesmo assim, persistindo nessa atitude,*

> *você se colocava na posição da criança que vai se fazer punir, tanto por uma figura materna frustrante quanto por uma figura paterna violenta.*

Comovido e parecendo um pouco aliviado, Jean responde: "O que você diz me toca. Além disso, na minha família, eu era considerado como o 'patinho feio'". A criança ferida que há nele me toca e me compadece.

Essa situação torna evidente uma distribuição inconsciente de papeis no seio da qual Jean representa o "mau paciente-mau filho", ao passo que Alice desfruta do benefício narcísico, então reparador de feridas antigas e vivas, de ser, aos meus olhos de figura transferencial positiva, uma "boa paciente-boa filha", a melhor das duas da "fratria transferencial-contratransferencial". O que é acompanhado de um prazer de natureza sádica que se exprime por certo sorriso zombeteiro.

Depois, eu interrogo Alice:

> "Como você sente a necessidade do seu marido de ocupar tanto tempo de fala?
>
> – Estou acostumada, por isso não me surpreende", responde com um leve sorriso e um tom desiludido.

Ela não disse manifestamente o que sentia, como se, nela, não houvesse lugar para verbalizar seus próprios sentimentos, como aqui em sessão, na minha presença e na de seu marido.

De fato, eu compreendo que ela revive ali frustrações e injustiças bastante antigas, assim como Jean exprime dessa maneira uma necessidade de amor exclusivo, aquele do qual foi privado por seus pais e seus irmãos.

Esse fragmento de sua neurose intertransferencial nos permitia então revelar um aspecto de sua neurose infantil, ligado a seus complexos fraterno e edipiano, que eles compartilham. Um sentido podia assim ser descoberto e formulado para ambos, no après-coup interpretativo.

Na tarde que se seguiu à nossa sessão matinal, ele me liga, perturbado, para me dizer que foi agredido violentamente, e em numerosas ocasiões, por seu pai. Eu o escuto com benevolência, mas lembrando a ele de um dos princípios de nosso enquadre: tudo deve ser dito durante o tempo da sessão e na presença do parceiro. O que ele me disse será relatado, pois, ao longo da sessão seguinte. Essa transgressão do enquadre o confirmará em sua imagem de "patinho feio" no seio do casal, repetindo sua posição no seio da família.

Discutamos agora os efeitos esperados e benefícios de nosso trabalho.

Efeitos esperados e benefícios

Donnet evoca a *necessária autonomia do método* que postula que a consistência dos efeitos terapêuticos será função do rigor com o qual o método puder ter sido posto em ação.

> *A autonomia funcional do método reside ao mesmo tempo no fato de que sua finalidade não deve ser determinada, e pela presença virtual de sua função (psico) terapêutica.*[22]

Ele distingue as transformações psíquicas específicas, inerentes ao processo, que são diretamente ligadas ao método, e a cura esperada que é feita de efeitos indiretos, à distância, dessas transformações psíquicas.

A cura psicanalítica não pode ser avaliada senão mediante a conjunção de transformações específicas *e* de seus efeitos na vida do paciente.

22 *Op. cit.*, *La situation analysante*, p. 147.

Quais seriam as transformações psíquicas inerentes ao trabalho com casais? Quais seriam seus efeitos indiretos e à distância, que corresponderiam à chamada cura "adicional"?

Antes de tudo, o trabalho com casais relança, redinamiza o trabalho de casal de cada parceiro, e isso desde o início. O que terá incidências sobre as três realidades conjugais, psíquica, corporal-sexual e sociocultural.

No nível grupal: nosso trabalho favorecerá um rearranjo das formações comuns e partilhadas, tais como as alianças defensivas, patógenas em especial, uma supressão, atenuação ou uma aceitação de sintomas partilhados como certas funções fóricas, assim como uma reorganização fantasística, depois uma redistribuição dos investimentos entre os objetos comuns e partilhados, e os objetos individuais e separados, em particular.

No nível intersubjetivo, ele permitirá:

- realizar um verdadeiro "desenredamento" de cada um dos parceiros, reduzindo os movimentos identificatórios demasiado maciços, em particular de ordem adesiva e projetiva, favorecendo assim um processo de separação / individuação, depois de subjetivação, neles, assim como uma renarcisação que se exprime por uma maior autonomia;
- baixar o nível das conflitualidades estruturais e tender a uma menor rigidez de sua relação intersubjetiva, conduzindo à sua suavização, sua relibidinização, a uma melhor circulação afetiva – reduzindo a ambivalência e libertando a ternura, por exemplo – e fantasística, enfim, a uma distribuição mais aberta dos papéis desempenhados por cada qual (pai, mãe, criança, irmão, irmã, amigo, amiga);
- rearranjar certos aspectos da neurose intertransferencial, por intermédio do trabalho interpretativo que ajudará, lembremos, na reconstrução da neurose infantil dos dois parceiros e na

elaboração por exemplo dos conflitos infantis na presença do parceiro, nessa situação privilegiada de *après-coup*.

No nível individual, insistamos no fato de que o trabalho em casal é igualmente um trabalho individual na presença do parceiro, que favorecerá transformações psíquicas individuais tendo incidências tanto na relação intersubjetiva quanto na realidade conjugal. Contudo, nosso trabalho facilitará a aceitação de um certo grau de dependência ao (e de invasão pelo) objeto amoroso tanto quanto pelo objeto-casal, mas também suscitará uma evolução das representações do objeto amoroso e do objeto-casal, tornando-se então mais bem integrados ao mundo dos objetos internos, portanto menos invasivos. De resto, essas mudanças poderão motivar um dos cônjuges, ou ambos, a empreender um trabalho individual.

Os efeitos desse trabalho psíquico se manifestarão inevitavelmente nos registros de realidade corporal, sexual, sociocultural, assim como na vida familiar (se se trata também de um casal parental) e social.

A melhoria ou a retomada de uma vida erótica pode acompanhar essa evolução, mas não se tem certeza. O investimento dos corpos pode evoluir, se exprimindo por mais cuidados, sedução e preocupação recíprocas.

O casal evocará, notadamente, rearranjos familiares (dinâmicos e econômicos), o reposicionamento de cada qual no seio do grupo familiar, o restabelecimento de fronteiras nítidas entre o casal parental e os filhos. Assim como ele falará de mudanças advindas em seu "casal de trabalho", induzindo a rearranjos na sua realidade doméstica, profissional, até mesmo nas suas relações sociais variadas.

Contudo, a evolução pode ser menos patente, mais limitada, setorial, pelo fato de haver resistências múltiplas, ainda irredutíveis.

Enfim, certos casais decidem se separar da maneira menos dilacerante possível, com ou sem sucesso, mas "com conhecimento de causa".

Sobre a fixação do término

Lembremos que o enquadre contém implicitamente em sua definição o caráter indefinido da sequência das sessões e a possibilidade de o paciente lhes colocar fim a qualquer momento.

A fixação do término das sessões é um *ato* que se inscreve no real e constitui assim uma reintrodução decisiva do ato em uma situação que se baseava, em boa medida, em sua exclusão (Donnet, 2005).

Quaisquer que sejam as modalidades de sua colocação em ato, ela deve ser encarada como *passagem ao ato* que opera em dois tempos: o tempo da fixação do encerramento pela troca de palavras, cujos efeitos poderão ser elaborados nas sessões seguintes; e o tempo da cessação das sessões, portanto da elaboração dos efeitos, que não pode ocorrer sem a ausência real do analista.

O conjunto da situação analítica se encontra então modificado, pois um elemento essencial do enquadre desapareceu: o caráter indefinido da sequência das sessões. O período que se compromete a partir de seu ato instaurador tem uma duração limitada e prevista, e todo um trabalho de separação e de luto vai começar, permitindo ao paciente limitar a dimensão traumática da interrupção.

A modalidade mais habitual é que o analisando fixe um término – próximo ou postergado – e que o analista ratifique sua decisão.

E os casais?

Eles podem mencionar espontaneamente seu desejo de parar, quando de uma sessão, anunciando que ela é a última, por diversas razões, em particular uma estagnação, um tédio, o desejo de parar de um opondo-se ao parceiro que gostaria de prosseguir, ou eles interrompem nosso trabalho com um telefonema ou *e-mail*.

No melhor dos casos, nós podemos começar a evocar essa perspectiva do término e depois refletir a respeito. As resistências podem então se manifestar pelo esquecimento do refletir, com a angústia conjugal do término reativando, pois, uma angústia conjugal de separação, até mesmo de abandono por uma figura transferencial parental que se entediou com seus filhos, os quais se veriam como insatisfatórios, como "maus filhos" que não respondem às expectativas fantasiadas dos pais.

Nós fixaremos juntos, portanto, um término e o cumpriremos.

O trabalho evoluirá assim rumo a esse prazo portador de ambivalência, misturando alívio, satisfação e angústia de separação, medo de se ver sozinho, e dever de se virar sozinho, como antes. O trabalho de luto pode assim começar.

Algumas reflexões conclusivas e perspectivas

Eis que chegamos ao término de nosso percurso, que começou por uma rememoração do conceito de trabalho de casal, trabalho específico, em ação no seio de três realidades conjugais, sociocultural, corporal-sexual e psíquica. Antes de explorar os aspectos tópicos, dinâmicos e econômicos do trabalho de casal, em cada um dos três níveis estrutural-funcionais da realidade psíquica conjugal, regularmente estimulado e nutrido por certos autores, considerei pertinente evocar o amor e o estado amoroso, componente essencial e *tempo primordial* de todo casal e depois refletir sobre os tempos estruturais e os organizadores psíquicos inconscientes fundamentais que contribuem para a construção de todo casal, quer seja heterossexual ou homossexual. Isso nos levou a interrogar as condições, determinantes e modalidades da escolha do parceiro amoroso-conjugal, ou seja, sua historicidade e o trabalho em ação, seja o trabalho psíquico da escolha do parceiro, correspondente a uma formação de compromisso, individual, mas que se tornará intersubjetiva, devido à construção de uma neurose intertransferencial que repete, no *après-coup*, a neurose infantil dos dois parceiros. Sua dimensão de satisfação, de natureza plural – narcísica, erótica, terna e agressiva, estava evidente, ao passo que sua dimensão defensiva, que contribui nitidamente a inscrever o laço amoroso no tempo, portanto em uma realidade conjugal, foi inédita. Os trabalhos inovadores de J.-G. Lemaire contribuíram muito para isso.

Do trabalho da escolha do parceiro ao trabalho de casal, depois ao trabalho com casais, o denominador comum se revela ser o *trabalho, psíquico* nesse caso. Esse trabalho psíquico que Freud não cessou de evocar, a começar pelo trabalho do sonho, mas do qual ele fala igualmente como a terceira componente da definição do conceito de pulsão em 1915: "[...] como uma medida da exigência de trabalho que é imposta ao anímico por conta de sua correlação com o corporal[1]".

Esse trabalho, que é em primeiro lugar um trabalho de ligamento, e depois de desligamento e de transformação portadora de religações, percorre assim a obra de Freud como um fio condutor. Ele igualmente percorreu nossa obra, a ponto de constituir também nosso próprio fio condutor. Por quê?

Porque o conceito de trabalho de casal, do qual procede todo funcionamento conjugal, nos permitiu com efeito propor e desenvolver uma abordagem metapsicológica da realidade psíquica do casal, no que se refere aos seus três níveis estrutural-funcionais em permanentes inter-relações. Assim como teve seu papel na temporalidade conjugal, de natureza plural, e suas vicissitudes.

Contudo, o trabalho de casal, como todo trabalho, pressupõe fracassos que se manifestam de diversas maneiras, em especial diferentes formas de sofrimento aos quais somos expostos enquanto analistas de casal. Donde revelar-se a necessidade de um trabalho com casais que deve, notadamente, relançar o trabalho de casal em xeque

1 Freud, S. (1915), *Pulsions et destins des pulsions,* OCFP, XIII, 1914-1915. PUF, 1998, p. 169.

nos parceiros conjugais. Esse trabalho com casais, que é tão difícil e incerto, porque complexo por seus múltiplos aspectos e dimensões.

Nós tentamos delinear algumas de suas especificidades, a partir de elementos de comparação com o trabalho individual, por um lado, e com o dispositivo de trabalho com grupos, por outro lado. Entre essas especificidades, nós identificamos, em particular, o *grupo terapêutico* – composto de dois parceiros, do grupo conjugal e do analista – enquanto um dos agentes motores do processo analítico com casais.

Trata-se de ser modesto e pouco ambicioso com casais, mas também dotados de um bom masoquismo, guardião da vida, para poder suportar e ir em frente!

Além disso, se oferecemos alguns elementos de resposta à dupla questão de por que e como se forma um casal, assim como àquela sobre as condições para que ele se mantenha em vida psíquica, nós igualmente introduzimos um questionamento associado ao desenvolvimento de uma reflexão sobre a separação dos dois parceiros e a ruptura do casal.

Todavia, surge imediatamente uma outra questão: o casal é um fim em si? Deve-se formar e viver em casal para florescer, se realizar, "viver feliz", como se diz?

Ele é recomendado a todo mundo? Apresentaria perigos para certos sujeitos? E que tipos de perigos, para que tipo de sujeitos?

Quais seriam suas vantagens e inconvenientes?

"É preciso, quanto a isso, *ter cautela contra uma mistificação contemporânea perigosa que exaltaria as virtudes da vida de casal como um remédio pessoal e social*, escreve J.-G. Lemaire (1979). Quaisquer que sejam sua importância e o interesse de seu estudo de um ponto de vista clínico ou científico, *o casal não pode ser considerado como um fim em si*. Ele é um grupo muito particular, tendo um modo de funcionamento específico com suas vantagens e seus inconvenientes.

Vantagens para seus membros enquanto ligados por um sentimento amoroso explícito ou implícito, e para a família que provém deles.

Mas ele tem seus inconvenientes e pode ter efeitos patogênicos.

Patógeno para seus membros, o casal pode também sê-lo para seu entorno[2]".

Essa problemática das vantagens e inconvenientes nos leva à constatação atual do número crescente de solteiros, "primários" e "secundários", em nossa sociedade ocidental, e depois a uma outra questão: como explicar, em uma perspectiva psicanalítica, as determinantes psíquicas inconscientes desse fenômeno contemporâneo importante, até então inédito na história?

Gostaria, com efeito, de aproveitar a ocasião para introduzir agora um questionamento sobre as condições e determinantes psíquicas da escolha da solteirice contemporânea, tolerada e até mesmo favorecida por nossa sociedade. Isso me permitirá operar a passagem de minha obra atual para uma próxima, abordando a solteirice segundo uma visão plural e interdisciplinar, integrando a história, a antropologia, a sociologia e a psicanálise, como fiz em *Le couple et son histoire* (2011).

Uma distinção, que não é de natureza rigorosamente jurídica, se impõe mesmo assim: entre a solteirice "primária" e a solteirice "secundária", ou seja, entre os sujeitos que nunca tiveram vida conjugal e aqueles que a conheceram, através de uma ou diversas experiências, coabitante ou não coabitante, institucionalizada pelo casamento ou não. Eles ou elas podem ser divorciados(as) ou viúvos(as).

A partir dessa distinção primordial, as determinantes psíquicas diferem.

Com efeito, os solteiros "primários", que nunca tiveram experiência conjugal, talvez tenham uma representação fantasística

2 *Op. cit.*, p. 343-344.

inconsciente aterrorizante do casal, sugerindo um espaço fechado, sufocante, até mesmo absorvente, invasivo ou devorador, reativando neles uma imagem materna arcaica, onipotente e perseguidora. Eles estão em um postura de evitação protetiva racionalizada por uma reivindicação de independência e de libertação ante todo tipo de obrigações e de pressões familiares e sociais.

Trata-se de fato de sujeitos ditos frágeis, para os quais a vida conjugal poderia decerto constituir alguns perigos, dados, notadamente, os seus aspectos regressivos?

A esse respeito, lembremos que a relação amorosa reativa, no plano fantasístico, a tendência à fusão mútua, ao apagamento dos limites dos dois sujeitos, uma tentativa de formar de novo a simbiose da díade mãe-criança.

Além disso, um duplo processo, de anexação parcial pelo outro e do outro, e de posse recíproca, está em ação, com sua parte de alienação e de perda de liberdade correlatas.

Todavia, o amor conjugal associa igualmente a confirmação e o enriquecimento narcísicos à satisfação erótica, terna e agressiva.

Se uma das prioridades desses solteiros, cujas dificuldades psicopatológicas seriam de ordem narcísico-identitária ou *borderline*, notadamente, é preservar suas frágeis e incertas fronteiras psíquicas, mas igualmente se proteger de suas angústias de separação e de intrusão, eles poderiam mesmo assim construir uma organização conjugal caracterizada por uma distância entre os espaços psíquicos dos dois parceiros, constituindo assim um "espaço transicional" e uma limitação da densidade da relação deles, em detrimento do prazer que é sacrificado.

Se se trata essencialmente de lutar contra sua própria destrutividade interna, transbordante e, pois, desorganizadora, o que representa uma das funções psíquicas fundamentais do casal, no quadro de sua estratégia defensiva, o casal aparece então como o modo de organização dessas introjeções e projeções mútuas, pelo qual cada um, confrontado a suas pulsões de destruição, utiliza o outro como suporte externo ao mesmo tempo de bons e maus objetos internos.

Fazer casal é uma maneira de se livrar de, ou metabolizar, as tendências paranoides e / ou depressivas de cada qual.

Então, por que permanecer solteiro quando se é tão frágil e quando se poderia ser beneficiado por certas vantagens oferecidas por uma organização conjugal protetora desses múltiplos perigos psíquicos?

Se consideramos a organização edipiana do estágio genital descrita por Parat (1967), poderíamos dizer que esses solteiros vivem em um sistema a dois e não a três, portanto pré-genital e não edipiano. Sem relação dita heterossexual com um parceiro conjugal, mesmo homossexual, não lhes resta senão o investimento narcísico da pessoa deles e do "mundo dos outros", objeto de um investimento homossexual sublimado.

E que fizer dos solteiros ditos secundários?

Eles viveram uma ou algumas experiências conjugais que puderam oferecer benefícios de diversas ordens, mas também constituir uma dimensão enfraquecedora, alienante, sob a forma de alianças inconscientes patógenas, e, pois, potencialmente traumática e desorganizadora, até mesmo dessubjetivante.

A compulsão a repetir essas experiências traumáticas não funcionando mais nesses sujeitos, eles escolheram uma solução protetora por esse novo *status* de solteiro dito secundário. Essa solução representa uma modalidade de reconstrução e de salvaguarda identitária, mas igualmente de reinvestimento narcísico importante e de reapropriação subjetiva de sua vida psíquica, como também de sua vida, pura e simplesmente.

No plano da organização edipiana do estágio genital, esses solteiros secundários teriam procedido a uma regressão a uma organização pré-genital, favorecida por pontos de fixação. Será ela temporária ou definitiva? A economia pulsional é tão móvel, até mesmo imprevisível...

Nós poderíamos considerar outras questões e outros começos de respostas, mas decidimos nos deter por aqui, por enquanto, e deixar tudo isso repousar, um tempo de latência se impondo, antes do *après-coup* elaborativo da próxima obra.

Bibliografia

Anzieu, D. (1975). *Le groupe et l'inconscient*. Dunod.

Bayle, G. (2012). *Clivages*. PUF.

Bion, W.R. (1953). *Recherches sur les petits groupes*. PUF, 2000.

Bouchard, C. (2000). Peut-on interpréter le transfert négatif? *Revue Française de Psychanalyse*, 64 (2), 383-393.

Bouvet, M. (2006). *La relation d'objet* (1956-1960). PUF.

Brusset, B. (2007). *Psychanalyse du lien*. PUF.

David, C. (1971). *L'état amoureux*. Payot.

David, C. (1992). *La bisexualité psychique*. Payot & Rivages, 1997.

De M'Uzan, M. (2005). *Aux confins de l'identité*. Gallimard.

Denis, P. (2010). *Rives et dérives du contre-transfert*. PUF.

Donnet, J.-L. (2005). *La situation analysante*. PUF.

Enriquez, M. (1993). Le délire en héritage. In Kaës, R., Faimberg, H. et al. *La transmission de la vie psychique entre les générations*. Dunod.

Fain, M. (1971). Prélude à la vie fantasmatique. *Revue Française de Psychanalyse*, 35, 2-3.

Freud, S. (1996). De la psychogenèse d'un cas d'homosexualité féminine. *OCF.P*, XV, 1916-1920. PUF. Trabalho original publicado em 1920.

Freud, S. (1998). Pulsions et destins des pulsions. *OCF.P*, XIII, 1914-1915. PUF. Trabalho original publicado em 1915.

Freud, S. (2010). Abrégé de psychanalyse. *OCF.P*, XX, 1937-1939. PUF. Trabalho original publicado em 1940.

Green, A. (1973). *Le discours vivant*. PUF.

Green, A. (1983). *Narcissisme de vie, narcissisme de mort*. Les Éditions de Minuit.

Green, A. (1990). *La folie privée*. Gallimard.

Green, A. (1993). *Le travail du négatif*. PUF.

Green, A. (1997). *Les chaînes d'Éros*. Odile Jacob.

Grunberger, B. (1993). *Le narcissisme*. Payot & Rivages. Trabalho original publicado em 1971.

Kaës, R. (2008). *Le complexe fraternel*. Dunod.

Kaës, R. (2009). *Les alliances inconscientes*. Dunod.

Kaës, R. (2015). *L'extension de la psychanalyse, vers une métapsychologie du troisième type*. Dunod.

Kestemberg, E. (1999). *L'adolescence à vif*. PUF.

Lebovici, S. (1980). L'expérience du psychanalyste chez l'enfant et chez l'adulte devant le modèle de la névrose infantile et la névrose de transfert. Rapport au Congrès des psychanalystes de langue française. *Revue Française de Psychanalyse*, 44, 5-6.

Lemaire, J.-G. (1979). *Le couple, sa vie, sa mort*. Payot.

Lemaire, J.-G. (1998). *Les Mots du couple*. Payot.

Luquet, P. (2003). *Les identifications*. PUF.

Marty, P. (1990). *La psychosomatique de l'adulte*. PUF.

Neyraut, M. (1974). *Le transfert*. PUF.

Parat, C. (1967). L'organisation œdipienne du stade genital. Rapport au congrès des psychanalystes de langue française. *Revue Française de Psychanalyse*, 31 (5-6).

Parat, C. (1982). Transfert et relation en Analyse. *Revue Française de Psychanalyse*, 46 (2), 357-364.

Racamier, P. C. (1995). *L'inceste et l'incestuel.* Les Éditions du Collège.

Rosenberg, B. (1991). *Masochisme gardien de la vie, masochisme mortifère.* PUF.

Roussillon, R. (2008). *Le jeu et l'entre-je(u).* PUF.

Ruffiot, A. (1984). Le couple et l'amour. De l'originaire au groupal. In Eiguer, A. (org.). *La thérapie psychanalytique du couple.* Bordas.

Schaeffer, J. (2008). *Le refus du féminin.* PUF. Trabalho original publicado em 1997.

Winnicott, D. W. (1975). *Jeu et réalité.* Gallimard. Trabalho original publicado em 1971.

GRÁFICA PAYM
Tel. [11] 4392-3344
paym@graficapaym.com.br